FACULTÉ DE DROIT DE CAEN

DE LA
PRESCRIPTION ACQUISITIVE EN MATIÈRE DE SERVITUDES

THÈSE

POUR LE DOCTORAT

SOUTENUE PUBLIQUEMENT

DANS LA GRANDE SALLE DE LA FACULTÉ DE DROIT,

PAR

Raphaël LECONTE

Avocat,

LE 19 DÉCEMBRE 1874, A 3 HEURES DE L'APRÈS-MIDI.

COUTANCES
IMPRIMERIE DE SALETTES FILS, LIBRAIRE-ÉDITEUR.

1874

FACULTÉ DE DROIT DE CAEN

DE LA
PRESCRIPTION ACQUISITIVE EN MATIÈRE DE SERVITUDES

THÈSE

POUR LE DOCTORAT

SOUTENUE PUBLIQUEMENT
DANS LA GRANDE SALLE DE LA FACULTÉ DE DROIT,

PAR

Raphaël LECONTE

Avocat,

LE 19 DÉCEMBRE 1874, A 3 HEURES DE L'APRÈS-MIDI.

COUTANCES

IMPRIMERIE DE SALETTES FILS, LIBRAIRE-ÉDITEUR.

1874

A MON PÈRE

A MA TANTE

A LA MÉMOIRE DE MA TENDRE MÈRE

SUFFRAGANTS :

MM. BAYEUX, *professeur*.
CAUVET, *professeur, président*.
CAREL, *professeur*.
LAISNÉ-DESHAYES, *agrégé*.
GUILLOUARD, *agrégé*.

NOTIONS PRÉLIMINAIRES

Le caractère essentiellement pratique du sujet dont nous allons aborder l'examen, la complication des principes qu'il met en jeu, l'importance des matières dont il découle expliquent les difficultés et les controverses dont on le trouve environné, à toutes les époques de l'histoire du droit.

Sous l'empire de la législation romaine, les principes relatifs à la prescription des servitudes subirent des modifications sur la nature et la portée desquelles les jurisconsultes sont loin d'être d'accord.

Notre ancien droit français présentait, à cet

égard, de nombreuses incohérences, des variétés infinies et d'inextricables difficultés.

Notre droit nouveau, œuvre du législateur de 1804, a eu pour but de substituer, à toutes ces incertitudes et à toutes ces diversités juridiques, une législation précise et uniforme. Cette précision et cette uniformité étaient d'autant plus désirables, qu'elles devaient avoir pour résultat immédiat de couper court à des procès sans nombre et d'entraver des contestations dont la multiplicité devenait de plus en plus regrettable. Seulement, comme les lois ne peuvent prévoir que les cas généraux et statuer que sur les hypothèses les plus fréquentes, les dispositions du code avaient besoin d'être complétées ; de nécessaires et inévitables difficultés, que le législateur n'avait pas pu trancher, à cause de leur spécialité, restaient à résoudre ; de nombreuses lacunes avaient besoin d'être remplies : la jurisprudence seule pouvait se charger de cette difficile mission.

Appelée à les combler, elle s'est mise courageusement à l'œuvre ; et l'on ne peut, à l'heure actuelle, qu'applaudir aux heureuses conséquences qui dérivent de la sagesse de ses appréciations. Elle a tempéré des doctrines trop absolues, pour les rendre applicables à la nature des choses et aux besoins de la Société ; elle a, par un ensemble de décisions dont la profondeur est aussi remarquable que la justesse, animé, vivifié la lettre froide de la loi.

Cette bienfaisante influence de la pratique sur la théorie est, ici, d'autant plus digne d'intérêt, que le législateur s'est borné à poser purement et simplement, sur notre matière, un principe général, dont le laconisme est peut-être regrettable, et qui, dans tous les cas, était susceptible de plus amples développements.

Aussi ne nous bornerons-nous pas à examiner les seules questions doctrinales qui sont la conséquence directe de ce principe. D'éminents jurisconsultes, que nous suivrons d'ailleurs, plus d'une fois, dans leurs savantes déductions et leur puissant raisonnement, se sont placés à ce point de vue, et nous sommes heureux de les avoir pour guides. Seulement, leur prestige et leur autorité nous feront quelquefois défaut, lorsque nous aborderons certaines difficultés particulières qui ne se rencontrent que disséminées dans les recueils de jurisprudence. Alors, nous nous trouverons en présence de décisions judiciaires que nous essayerons d'approfondir, en recherchant, à la lueur des principes et des saines théories du droit, si elles peuvent se concilier avec les intentions du législateur.

En un mot, notre but est d'exposer le plus nettement et le plus méthodiquement possible les règles fondamentales du sujet, en insistant sur quelques-unes des nombreuses applications qu'on a su en faire, de réunir, sous le titre que nous avons choisi, les principales questions qui peuvent s'y rapporter; de dégager cette corrélation intime et cette étroite connexité qui ne doivent pas cesser d'exister entre la loi et la jurisprudence, entre la doctrine et les décisions judiciaires.

La marche que nous avons à suivre pour atteindre ce but, se trouve tracée d'elle-même, et notre étude comporte trois grandes divisions qui s'imposent naturellement.

Dans la première, nous passerons en revue l'état du droit romain; sous la seconde, les principales règles et les plus importantes théories admises dans notre ancien droit français; et enfin, sous la troisième, nous examinerons les principes qui ont été proclamés par le code civil et se trouvent en vigueur aujourd'hui.

Mais, comme ces principes sont empruntés à deux matières aussi compliquées que pratiques, c'est-à-dire à la *prescription* et aux *servitudes*, nous aurons à présenter, dans chacune des divisions que nous venons de poser, quelques notions générales qui nous permettront de saisir et de discuter plus sûrement les déductions que la jurisprudence, secondée par la doctrine, a fini par consacrer.

Cette tâche est ardue, dangereuse peut-être ; aussi, ne l'entreprenons-nous pas sans crainte, et serions-nous trop heureux si l'on nous reconnaissait le seul mérite d'avoir fait un effort vers la vérité !

DROIT ROMAIN

De l'usucapion. — Si l'on prend en considération les impérieuses nécessités de l'ordre social, on peut facilement se convaincre qu'il doit y avoir un terme au delà duquel il serait dangereux de rechercher l'origine de la fortune et de la condition des citoyens. Une inquisition trop scrupuleuse du passé serait une source permanente d'inquiétudes, une cause de perturbation continuelle qui paralyserait les affaires en enlevant à l'ordre public toute sorte de protection et de sécurité.

Dès-lors qu'une personne a eu pendant longtemps la libre et paisible possession d'une chose, elle doit être mise à l'abri de toute espèce de revendication et de recours : l'intérêt général s'accorde avec l'intérêt particulier, pour imposer silence à des réclamations tardives, pour élever un obstacle infranchissable devant des investigations qui ne serviraient que d'encouragement à la négligence et à l'incurie : *jura vigilantibus, non dormientibus, succurrunt.*

D'ailleurs, il serait souverainement injuste de venir dépouiller celui qui, pendant un long espace de temps, a possédé une chose, a travaillé pour l'améliorer, et a pu procurer ainsi, par un courageux dévouement, le bien-être à une famille tout entière !

Voilà pourquoi, chez tous les peuples et dans tous les temps, on a considéré la prescription comme une des institutions les plus indispensables à la bonne administration de la justice et au salut des peuples. C'est elle, dit Grotius, qui règle la limite des Etats ; c'est elle qui, en déférant à la possession, assure à chaque particulier la propriété exclusive, maintient les citoyens en paix, et coopère ainsi aux vues des législateurs les plus sages et les plus éclairés.

Elle peut, sans doute, blesser parfois l'équité ; elle peut, il est vrai, dans certaines circonstances, venir au secours de personnes agissant de mauvaise foi, et mériter alors l'épithète d'*impium præsidium* que lui donnait Justinien, par un excès de ferveur religieuse. Lorsqu'elle aboutit à ce résultat, la prescription est une institution regrettable, il faut le reconnaître, puisqu'elle sert à couvrir les plus choquantes iniquités et à permettre de repousser le cri de la conscience outragée.

Mais il faut prendre garde de généraliser cette appréciation qui n'est exacte et vraie que dans certains cas particuliers ; il faut se souvenir que le caractère exceptionnel de certains abus ne peut pas avoir pour effet d'entraîner la suppression de principes qui s'imposent d'eux-mêmes au législateur, et se trouvent dictés par les plus puissantes considérations d'utilité publique et privée.

Dans les rares fragments qui nous restent du droit hellénique, notamment dans un plaidoyer de Démosthène, nous retrouvons des vestiges suffisamment retracés pour établir que la prescription était reconnue par la législation de la Grèce [1].

Peut-être les législateurs romains, s'inspirant de ces précédents, leur ont-ils emprunté le principe juridique de la pres-

---

(1) D'Argentré, des appropriances, préf., n° 8.

cription; mais il n'en faut pas moins reconnaître qu'il a reçu des développements nouveaux, qu'il a été l'objet d'applications inconnues dans la législation grecque, et qu'on le retrouve, en un mot, fortement imprégné de l'esprit qui a présidé aux premiers âges de la république romaine.

Le premier monument législatif qui nous en révèle l'existence à Rome, est la loi des douze tables, aux termes de laquelle [1] celui qui avait possédé un fonds de terre pendant deux ans et un meuble pendant un an, en devenait propriétaire par un mode d'acquisition appelé, dans la langue du droit romain, *usucapio*. Ces délais avaient d'abord paru suffisants pour permettre, aux propriétaires soigneux, de veiller à la conservation de leurs biens, *ad inquirendas res suas* [2]. Mais quand, plus tard, les exigences sociales le demandèrent, on l'augmenta, et Rome qui, dans ses commencements, n'avait reconnu qu'une prescription de très-courte durée, finit avec la prescription trentenaire, et même avec celle de cent ans.

Ces variations de la législation proviennent des changements qui se sont produits dans la société romaine. Rome n'avait, à son origine, qu'une très-petite étendue de territoire; les domaines étaient peu nombreux, et le propriétaire qui ne quittait jamais ses biens devait veiller attentivement à leur conservation. Mais, lorsque Rome se fut agrandie, il fallut nécessairement apporter des modifications aux règles primitivement établies sur la prescription, c'est-à-dire en augmenter le délai. Les préteurs commencèrent l'œuvre et Justinien l'acheva.

Dans l'ancien droit, l'usucapion avait deux applications distinctes:

1° Lorsqu'on avait reçu une chose *mancipi* par la simple tradition, sans l'intervention d'aucun mode légitime d'acquérir, l'*accipiens* n'en devenait pas propriétaire *ex jure quiritium*. Mais la loi des douze tables, venant à son secours, lui permettait d'acquérir le *dominium* par l'usucapion, au moyen d'une pos-

[1] Table 6°.
[2] Gaius, inst. 2, 44, 1. 1, D. de usurp. Justinien, inst. de usucap.

session continuée, comme nous l'avons vu, pendant un an pour les meubles et deux ans pour les immeubles. *Semel impleta usucapione, proinde pleno jure incipit, id est et in bonis, et ex jure Quiritium, tua res esse ac si ea mancipata vel in jure cessa esset* [1].

2° Lorsqu'on avait reçu de bonne foi une chose de quelqu'un qui n'en était pas propriétaire, on n'avait que la possession de cette chose; mais, après le temps voulu pour l'usucapion, le domaine romain se trouvait acquis, et ce mode d'acquisition s'appliquait aussi bien aux choses *mancipi* qu'aux choses *nec mancipi*.

Ainsi, l'usucapion était un moyen d'acquérir et transmettait le domaine quiritaire. Elle s'appliquait partout aux meubles situés hors de l'Italie. En effet, le domaine éminent des provinces appartenait au peuple romain ou au prince et n'était pas susceptible, par suite, d'être l'objet de véritables droits de propriété. Aussi, le détenteur n'en avait-il que la simple possession et ne pouvait-il pas en disposer d'après les règles du droit civil, *ex jure quiritium*, quand même il eût été citoyen romain.

En présence de ces dispositions du *jus civile* trop rigoureux et trop dur pour une civilisation nouvelle, on sentait le besoin d'adopter des règles plus conformes à l'équité, sans vouloir cependant toucher au texte national et sacré de la législation des douze tables. Le droit prétorien atteignit ce but : il vint au secours de ceux qui avaient possédé de bonne foi des immeubles dans les provinces, en leur permettant de repousser soit l'action en revendication du propriétaire, soit l'action de quiconque aurait prétendu exercer, sur ces immeubles, un droit de servitude, d'hypothèque ou tout autre droit réel. Le laps de temps, pendant lequel cette possession devait durer, était fixé, sans aucune distinction entre les immeubles et les meubles, à dix ans entre présents et vingt ans entre absents.

Comme on le voit, la prescription *longi temporis* était, sous

---

[1] Gaius, II. § 41.

un rapport, plus avantageuse que l'usucapion qui transférait bien la propriété, mais qui la transférait telle qu'elle existait dans la main du véritable propriétaire, c'est-à-dire avec toutes ses charges.

Il est d'autant plus intéressant de rechercher l'étymologie de ce mot *prescription*, qu'elle est loin de correspondre à l'acception qu'on lui donne aujourd'hui. Pour la trouver, il faut remonter aux anciennes formules de la procédure formulaire. Lorsque le préteur avait accordé une formule d'action ordonnant au juge de condamner à la restitution le possesseur d'un bien sur lequel l'adversaire établirait son droit de propriété, le défendeur pouvait éviter cette condamnation, en prouvant que, s'il n'avait pas le domaine quiritaire, du moins il possédait le bien depuis le temps exigé par les préteurs pour être à l'abri de toute attaque. Lorsque l'on avait recours à ce moyen de défense, le magistrat faisait à la formule primitive une addition conçue en ces termes : *Nisi de ea re agatur cujus longa possessio sit*. Cette addition conservatrice des droits du possesseur, quoique faite après coup, était cependant placée en tête de la formule. D'où le mot *præscriptio (præ-scribere)* que l'on traduisit purement et simplement, pour le transporter même dans des législations où il n'a aucune raison de se retrouver, depuis l'abolition de cette procédure formaliste à laquelle les Romains attachaient tant d'importance.

Toute distinction entre les immeubles d'Italie et ceux des provinces, entre le domaine quiritaire et l'*in bonis*, ayant été supprimée, l'usucapion ne put plus avoir pour objet, dans le droit de Justinien, que de faire acquérir la propriété des choses livrées *a non domino*. Celui qui recevait ces choses *ex justa causa* et de bonne foi, en devenait propriétaire par une possession prolongée pendant un délai de dix ou vingt ans, pour les immeubles, et de trois ans pour les meubles.

Justinien, supprimant ainsi toute différence entre la prescription et l'usucapion, fondit ensemble et modifia l'une pour l'autre ces deux institutions, en appliquant au droit nouveau ce que chacune d'elles pouvait avoir d'avantageux et d'équitable.

Il est à remarquer que Justinien se sert habituellement des mots *præscriptio* ou *possessio longi temporis*, quand il s'agit d'immeubles, tandis qu'il parle *d'usucapio*, quand il s'agit de meubles. Faut-il en conclure, comme le font certains auteurs, que, dans le droit de Justinien, les règles spéciales de l'ancienne *præscriptio longi temporis*, doivent s'appliquer aux immeubles, et les règles particulières de l'ancienne *usucapion* aux meubles? Nous ne le pensons pas. Nous croyons, au contraire, avec M. Demangeat, que les principes qui régissaient l'*usucapio* doivent toujours être suivis. Car, lorsque l'empereur dit : *constitutionem super hoc promulgavimus qua cautum est ut res quidem mobiles per triennium, immobiles vero per longi temporis possessionem...*, USUCAPIANTUR [1], il se sert d'expressions qui rendent sa pensée avec autant de netteté que de précision.

Indépendamment de la prescription de dix et vingt ans, il y a encore celle que les commentateurs appellent *præscriptio longissimi temporis*, ou *usucapio extraordinaria*. Cette prescription remonte à une constitution célèbre de Théodore-le-Jeune [2]. Dans l'origine, elle ne transférait pas la propriété; elle maintenait seulement le possesseur et le préservait des actions dirigées contre lui, sans lui permettre, dans le cas où il viendrait à perdre la possession, d'exercer la revendication contre le nouveau détenteur. Mais Justinien fit de cette possession un véritable moyen d'acquérir, pourvu que le possesseur eût été de bonne foi au commencement de sa possession [3].

Des servitudes. — Une chose est libre, quand le propriétaire a seul droit à l'utilité qu'elle peut produire. Au contraire, elle est soumise à ce qu'on appelle un droit de *servitude*, quand cette utilité n'est pas exclusivement réservée au propriétaire de cette chose, quand il ne peut pas en disposer d'une certaine manière.

---

(1) P., *de usucap.* La constitution que vise ce texte est la L un., C. *de usucap. transf.* (7, 31).
(2) L. 3, cod. de præsc. XXX vel XL ann. (7, 39).
(3) L. 8, §§ 1 et 2, eod. tit.

De là deux classes de servitudes : les servitudes *personnelles* et les servitudes *réelles*. Les premières sont exclusivement attachées à la personne : c'est dans son intérêt qu'elles sont établies. Les secondes, au contraire, consistent dans l'assujettissement d'un fonds, pour l'avantage d'un autre fonds, à certains services particuliers, par exemple à un droit de passage. Dans ce dernier cas, le droit ne profite qu'indirectement à la personne : il est attaché au fonds et se transmet avec lui.

Les servitudes réelles sont les seules dont nous ayons à nous occuper ; elles se divisent en servitudes *rurales* ou *urbaines*. Cette distinction est la seule que les lois romaines fassent entre les servitudes réelles; seulement, il est assez difficile de préciser, d'une manière satisfaisante, les principes qui servaient de base à cette distinction. D'abord, il faut se garder d'attribuer à ces mots *rurales*, *urbaines*, l'acception usuelle. On entend, en matière de servitudes, par héritage rural, le sol, et, par héritage urbain, les constructions, c'est-à-dire tout ce qui est édifié, construit au-dessus du sol, quelque part que ce soit, à la ville ou à la campagne. Comment donc, dès-lors, savoir si une servitude est rurale ou urbaine? Faut-il s'attacher, comme l'ont fait quelques auteurs, à la nature du fonds dominant et dire que la servitude sera rurale si le fonds est rural, ou urbain si ce fonds est urbain? Non, car une servitude de passage est rurale, bien qu'elle soit établie dans l'intérêt et pour l'utilité d'un édifice, d'un héritage bâti. C'est pour n'avoir pas tenu compte de cette idée, pour n'avoir pas cherché à pénétrer le véritable sens des lois romaines, que les rédacteurs du code ont fourni, sur les servitudes, une distinction restée sans aucune espèce d'utilité possible (art. 687 du code civ.). Qu'entendaient donc, en définitive, les législateurs romains? Le jurisconsulte Paul nous le dit dans un fragment aussi net que précieux, qui se trouve inséré au Digeste [1] : « *servitutes prædiorum aliæ in solo, aliæ in superficie consistunt;* » c'est-à-dire, ajoute M. Or-

---

[1] Dig., 8, 1, 3. f. Paul.

tolan, dans un passage que nous cédons à l'attrait de transcrire textuellement, c'est-à-dire qu'il est des servitudes qui prennent leur existence, leur élément essentiel et constitutif, leur consistance, pour employer l'expression romaine, dans l'idée de sol (*in solo consistunt*), indépendamment de toute construction, plantation, édification ou superposition quelconque, choses accessoires qui peuvent se rencontrer ou ne pas se rencontrer sur les fonds, sans changer la nature de ces servitudes : telles sont celles de passage, de pacage, de puisage, etc. Il en est d'autres, au contraire, qui prennent leur élément essentiel et constitutif, leur consistance, dans l'idée de superficie, c'est-à-dire d'une superposition quelconque au-dessus du sol, idée indispensable pour qu'elles existent (*in superficie consistunt*) : telles sont celles de jours, de vues, de gouttières, etc. Les premières sont servitudes *rurales*, les secondes servitudes urbaines.

Cette division est très-importante, car elle établit une ligne de démarcation profonde entre les servitudes qui présentent un caractère de continuité et celles qui sont d'une nature contraire. En effet, les servitudes urbaines, qui consistent en superficie, sont continues, tandis que la plupart des servitudes rurales, qui consistent dans le sol, sont discontinues : « *servi-* » *tutes prædiorum rusticorum... tales sunt ut non habeant certam* » *continuamque possessionem; nemo enim tam perpetuo, tam* » *continenter ire potest, ut nullo momento possessio ejus interpel-* » *lari videatur* [1]. »

On voit, par le simple et rapide exposé qui précède que si la distinction des servitudes continues et discontinues a été législativement exprimée en 1804, les rédacteurs du code en avaient néanmoins trouvé le germe dans les lois romaines.

A Rome, les principales servitudes rurales étaient celles de passage, d'acqueduc [2], le droit de puiser de l'eau (*aquæ*

---

[1] Dig., 8, 1, 14, pr. f. Ulp. — 8, 2, 6, f. Gaius.
[2] Quand l'eau doit couler sur le sol ; car le droit de la faire passer sur un édifice constituerait une servitude urbaine. (L. 11, § 1 *de publ. in rem act.*)

haustus), d'abreuver (*pecoris ad aquam appulsus*) ou de faire paître un troupeau (*jus pascendi*), de prendre du sable dans un champ (*arenæ fodiendæ*), de cuire de la chaux (*calcis coquendæ*).

Les principales servitudes urbaines se rapportaient au droit de faire supporter les constructions par celles de son voisin (*oneris ferendi*), d'appuyer sa poutre (*ligni immittendi*), de recevoir ou de ne pas recevoir l'eau d'une gouttière (*stillicidii vel fluminis recipiendi vel non recipiendi*), de bâtir ou de ne pas bâtir jusqu'à une hauteur déterminée (*altius aut non altius tollendi*).

A Rome, comme éléments constitutifs de toute servitude prédiale, il fallait deux fonds, dont l'un s'appelait *dominant* et l'autre *servant*. La servitude, établie en faveur du premier, était imposée comme charge au second.

Il fallait, d'un autre côté, que la servitude procurât une certaine utilité, un certain agrément au fonds dominant. Aussi, n'était-il pas possible de considérer comme servitude prédiale le droit d'aller se promener sur le fonds du propriétaire voisin[1].

Enfin, les servitudes réelles devaient avoir une cause perpétuelle. On en conclut, dans le principe, que celle d'aqueduc ne pouvait pas être établie sur un étang ou une citerne, parce que les citernes et les étangs ne renferment pas d'eaux vives et perpétuelles [2].

Ces quelques principes posées, voyons le rôle que l'usucapion jouait en droit romain, relativement à l'acquisition des servitudes.

L'usucapion était, comme nous l'avons vu, un effet de la tradition et de la possession; dès-lors, elle ne pouvait avoir lieu que pour les choses véritablement corporelles, c'est-à-dire pour les fonds de terre et les meubles. Par conséquent, les servitudes, droits incorporels, repoussaient ce mode d'acquisition. D'un autre côté, un grand nombre d'entre elles, les servitudes

---

(1) D., 8, 1, 8, f. Paul.
(2) D., 8, 2, 28, f. Paul.

rustiques, en particulier, présentent, pour la plupart, un caractère de discontinuité par lequel la possibilité de proposer l'usucapion se trouve exclue.

Mais les inconvénients d'une législation aussi rigoureuse se firent bientôt sentir : la société romaine, à son berceau, pour ainsi dire, n'ayant d'ailleurs que des mœurs grossières, ne se servait que fort rarement d'actes écrits ; dès-lors, les servitudes les mieux établies disparaissaient facilement. Aussi, l'utilité commune fit-elle déroger aux principes trop spécieux du vieux droit quiritaire. On remarqua que, si les servitudes sont incorporelles, elles sont cependant, par suite de l'usage qu'on en fait, l'objet d'une certaine possession ; et il est vraisemblable que l'on commença par appliquer l'usucapion aux servitudes rurales, qui, seules, étaient rangées parmi les *res mancipi* [1]. Heineccius présente cette observation dans ses *Antiquitates Romanæ* [2] et nous la croyons fondée ; car il ne faut pas oublier que les Romains avaient un profond respect, une sincère vénération pour leur vieux droit, qu'ils n'apportaient à leur législation primitive que des tempéraments peu sensibles et des modifications timides. En déclarant susceptibles d'être acquises par usucapion les servitudes rurales, les jurisconsultes romains étaient donc logiques, puisque ces mêmes servitudes se trouvaient classées parmi les *res mancipi*. Mais bientôt la pratique du barreau, développant des idées qui, sans doute, avaient germé depuis longtemps, mais n'étaient pas encore écloses, étendit aux servitudes urbaines les principes appliqués jusqu'alors aux servitudes rurales ; faisant bon marché des subtilités qui n'étaient plus de leur âge, les jurisconsultes, dans un but d'amélioration sociale, durent considérer avec une égale faveur ces deux catégories de servitudes. Un passage de Cicéron démontre clairement que l'usucapion était admise pour les servitudes rurales : « *aquæductus, haustus, iter, actus a*

---

[1] L'usucapion n'avait lieu que pour les *res mancipi*.
[2] Livr. 2, tit. 6, 56.

» *patre, sed rata* AUCTORITAS *harum rerum omnium a jure civili*
» *sumitur* [1]. » S'il en était ainsi pour les servitudes rurales, il en devait être de même pour les servitudes urbaines, dont l'exercice présente beaucoup plus de continuité.

Cette usucapion des servitudes était soumise aux mêmes règles que celle des immeubles; et, par suite, le temps requis était celui de deux années. Dans l'origine, cette courte durée de la possession pouvait suffire, car les hommes demeuraient toujours sur leurs héritages ; mais quand ils eurent de vastes domaines qu'ils ne pouvaient plus habiter, cultiver, surveiller par eux-mêmes, ce laps de deux années fut manifestement trop court. D'un autre côté, la société s'était civilisée, la nation s'était policée, et les inconvénients des servitudes étaient devenus de plus en plus sensibles.

Voilà pourquoi fut portée la loi Scribonia, sur la date et l'auteur de laquelle les jurisconsultes sont loin d'être d'accord : « *de hujus ætate et auctore non constat. Sed valde probabiliter Ræ-vardus hanc legem tribuit L. Scribonio-Liboni, qui Tiberii temporibus consul fuit cum Sesenna-Statillio-Tauro*[2]. » Cette opinion nous paraît la plus vraisemblable, car Rævardus s'est, si notre souvenir est exact, plus occupé que personne de cette loi.

Quoi qu'il en soit, à partir de ce moment, l'usucapion des servitudes fut entièrement abolie. C'est ce que, du reste, le jurisconsulte Paul déclare expressément quand il dit : « *eam*
» *usucapionem sustulit lex Scribonia quæ servitutem consti-*
» *tuebat.* [3] »

Mais si l'on ne put plus invoquer l'usucapion, la prescription proprement dite vint lui succéder et prendre sa place. Lors des distributions des terres, les commissaires chargés de ces difficiles missions, sources de tant de troubles dans l'empire romain, constituaient fréquemment des servitudes pour l'utilité

---

(1) Cic. pro Cæcina. Le mot *auctoritas* est précisément celui qu'emploient les douze tables pour désigner l'usucapion.
(2) Pand. Justin. t. 3.
(3) L. 4, § 29, D., *De usurpat. et usucapionibus* (41, 3).

des voisins. Seulement, la difficulté consistait à prouver ces concessions, après un grand nombre d'années. Voilà pourquoi l'on admit la prescription immémoriale des servitudes, puis celle de dix ans entre présents, et de vingt ans entre absents. Voici comment s'exprime, à cet égard, un commentateur :
« *postea tamen prætores et jurisconsulti ex æquo et bono hanc*
» *rem temperantes permiserunt ut servitutes longa quasi posses-*
» *sione et usu diuturno usucapi, acquiri possent. Quod ut recte*
» *accipias, scire convenit, aliquas servitutes habere causam con-*
» *tinuam, ut quæ semel positæ semper durent, sine facto hominis,*
» *et quarum possessio non interrumpatur. Ut servitus immittendi*
» *tigni in vicini parientem est continua, quia postquam semel*
» *tignum inclusum est in vicini parietem, non opus habeo ad*
» *præscriptionem ullo hominis facto et opera, sed continuo eam*
» *possideo tanquam rem immobilem* (1). »

Le temps requis pour la prescription des servitudes se régla d'après les règles de la *longi temporis possessio;* c'est-à-dire qu'il fallut, pour être admis à l'invoquer, les avoir exercées pendant dix ou pendant vingt ans, suivant les circonstances, dix ans si le propriétaire du fonds dominant et celui du fonds servant habitaient la même province, vingt ans dans le cas contraire : « *Servitus ergo continua præscribitur spatio tanti tem-*
» *poris quo res immobilis: nempe decem annis inter præsentes,*
» *vigenti inter absentes* (2). »

Pour que cette quasi-possession fût efficace, deux principales conditions étaient essentielles, selon nous. Il fallait : 1° que l'exercice durât sans interruption pendant le temps voulu ; 2° qu'il y eût, chez le possesseur, intention d'exercer un droit *nec vi, nec clam, nec precario*. Il fallait enfin, d'après certains auteurs, que l'on retrouvât, chez lui, la bonne foi, *bona fides*.

Donnons quelques explications sur chacune de ces trois conditions.

Première condition : la possession, disons-nous, doit avoir

(1) Arnoldus de Reyger, p. 199.
(2) Arnold. de Reyger, loco cit.

duré sans interruption pendant le temps requis par la loi. Il importe peu que l'on ait possédé par soi-même ou par autrui. En effet, aux termes d'une loi que nous trouvons au Digeste, l'usufruitier peut vendre, louer l'exercice de son droit, sans, pour cela, cesser d'exercer sa *juris possessio* et s'exposer à perdre son droit par le non-usage [1]. Il est bon d'observer que l'usufruitier continuerait sa possession lors même qu'il aurait loué son droit au nu-propriétaire.

Seconde condition : il faut que le possesseur ait l'intention d'exercer un droit *nec vi, nec clam, nec precario*. L'intention est la base essentielle et indispensable de toute possession : exigée pour acquérir la propriété, elle l'est également pour l'acquisition de ses démembrements. Il ne suffit pas que j'aie passé *nec vi, nec clam, nec precario* sur le fonds de mon voisin ; si je n'ai pas eu, en même temps, l'intention d'exercer un droit, je ne pourrai pas opposer de quasi-possession [2]. Il faut que cette intention soit évidente et non douteuse. Voilà pourquoi, si j'avais passé sur le fonds du voisin, alors qu'un ruisseau avait débordé sur la voie publique, je n'aurais pas exercé la quasi-possession exigée par la loi : dans ce cas, en effet, rien n'indiquerait l'intention dans laquelle j'aurais été d'exercer un droit.

La possession d'une servitude que j'aurais exercée sur l'héritage de mon voisin, pendant que j'en étais le fermier ou le locataire, ne me servirait à rien.

Enfin, le fait d'avoir placé, en les dissimulant dans le sol, des tuyaux destinés à conduire des eaux sur mon fonds, à travers le fonds de mon voisin, ne peut jamais servir de point de départ à la prescription de la servitude de conduite d'eau.

De telles circonstances entacheraient la possession de précarité, de clandestinité. Or elle doit être exempte de pareils vices, pour que celui qui l'a exercée puisse l'invoquer à l'effet de prescrire.

Troisième condition: certains jurisconsultes exigent en outre

---

[1] L. 1, 12, § 2, D. VII, 4.
[2] L. 25, D. VIII, 5.

qu'il y ait eu bonne foi chez le possesseur. Sur cette question d'ailleurs très-problématique si l'on veut suivre les lois romaines à la lettre, nous sommes d'un avis contraire. On nous objecte en vain que le fondement le plus solide de la prescription est la bonne foi. Nous répondons, en effet, avec Heineccius [1], que cette condition est inutile, lorsqu'il s'agit de servitudes.

D'autres auteurs ont, à leur tour, pensé qu'il fallait un juste titre, ou, tout au moins, la *scientia domini*. Aucune de ces conditions ne saurait être admise. En effet, a-t-on dit, dans les servitudes réelles, ce sont les choses et non les personnes qui acquièrent ; or, les choses ne peuvent pas se procurer de titres comme les personnes. D'un autre côté, peut-on ajouter, les droits incorporels sont moins importants que les fonds mêmes qui en sont l'objet. Du reste, quant au titre, une loi formelle déclare qu'il n'est pas nécessaire [2]. Vainement on fait appel à deux autres lois [3] dans lesquelles on prétend trouver la justification du système contraire, et des raisons suffisantes pour dire que la prescription des servitudes a été assimilée à celle de la propriété. Il n'y a assimilation, dans ces lois, qu'en ce qui concerne le temps requis pour prescrire. Le juste titre peut sans doute exister ; mais il n'est pas nécessaire [4].

Pour que la prescription de dix ou vingt ans puisse être opposée, la possession qui lui sert de base doit avoir été exercée sur des choses susceptibles d'être prescrites par ce laps de temps. Voilà pourquoi je ne puis pas acquérir, par dix ou vingt ans, une servitude sur un immeuble dont l'aliénation est prohibée par une loi, par exemple sur un fonds dotal ou sur celui d'un impubère. Nous aurons l'occasion de revenir plus loin sur le premier de ces points, auquel d'ailleurs la

---

(1) *Instit.* § 440, in nota.
(2) L. 10. D., VIII, 5.
(3) L. 12. C., VIII, 33 ; L. 2. C. VIII, 34.
(4) Cœpolla, liv. 1, chap. 20, n°s 6 et 7; Heineccius, *sur les Pandectes*, part. 6. § 217; Domat, *Lois civiles*; Ferrières, sur la coutume de Paris.

jurisprudence française a donné une solution conforme à celle que fournissent les lois et les jurisconsultes romains. Constatons seulement, en passant, que la prescription extraordinaire de trente ou quarante ans pourrait faire acquérir la servitude sur un pareil bien qui se trouve lui-même susceptible d'être acquis ainsi. Car enfin, si, pour protéger certaines personnes, la loi prolonge le temps de la prescription, cette protection ne peut pas être plus grande à propos de la servitude qu'à propos de la propriété même.

Les auteurs sont généralement d'accord pour dire que les caractères de la possession doivent être prouvés par celui qui s'en prévaut. En effet la loi 10, D., VIII, 5, impose, en termes formels, la preuve à celui qui invoque la prescription : « *ut ostendat per annos forte tot usum se, non vi, non clam, non precario (possedisse).* » Un seul auteur, Vangerow, n'a pas cru devoir donner à ce texte l'interprétation communément admise. En effet, a-t-il dit, les caractères de la possession sont formulés négativement dans cette loi; donc ce n'est pas le quasi-possesseur qui doit en fournir la preuve, en règle générale. Cette objection a le tort, selon nous, de reposer sur des subtilités juridiques que la pratique et les observations des auteurs ont su réduire à leur exacte portée. En effet, la preuve d'un fait négatif peut être remplacée par celle d'un fait positif : si je ne puis pas établir directement que ma possession n'a point été clandestine, je suis à même de justifier sa publicité ; s'il m'est impossible de démontrer qu'elle n'a pas été entachée de violence, je puis, au moins, prouver qu'elle a été paisible.

Donc celui qui se prévaut de la possession doit offrir la preuve qu'elle a été légalement exercée : « *incumbit probatio ei qui dicit.* » Donc l'adversaire, qui prétend trouver des vices dans la possession, doit en justifier l'existence.

Quelles étaient, sous Justinien, les servitudes susceptibles d'être acquises par prescription ? Sur ce point, les auteurs sont loin d'être suffisamment explicites, et leur laconisme nous empêche de hasarder une réponse satisfaisante à cette question.

Cependant, nous croyons fermement que les servitudes urbaines, c'est-à-dire celles qui présentaient, chez les Romains, un caractère non équivoque de continuité, pouvaient s'acquérir par le long usage : « *Servitutes quæ in superficie consistunt,* » *possessione retinentur* [1]. » — Il n'en était pas de même des servitudes rurales *(in solo)*. Cependant on trouve dans le code Théodosien, dans le Digeste et dans le code de Justinien, de nombreux passages qui prouvent que l'on confirmait les droits de prise d'eau établis par un long usage [2]. Quelques textes disent que le préteur accordait l'interdit *de itinere actuque privato* pour les droits de passage dont on avait usé pendant un certain temps ; et voici comment Ulpien s'exprime à cet égard dans la loi 1, §§ 2 et 3 (D., XLIII, 18) : « *Hoc interdicto Prætor* » *non inquirit utrum habuit jure servitutem impositam, annon :* » *sed hoc tantum, an itinere actuque hoc anno usus sit non vi,* » *non clam, non precario, et tuetur eum, licet eo tempore, quo* » *interdictum redditur, usus non sit. Sive igitur habuit jus viæ,* » *sive non habuit, in ea conditione est, ut ad tuitionem Prætoris* » *pertineat : si modo anno usus est, vel* MODICO TEMPORE, *id est,* » NON MINUS QUAM TRIGINTA DIEBUS. » Comme on le voit, ce texte apporte un adoucissement notable aux rigueurs juridiques des premiers temps, et protége, dans une très-large mesure, les droits du possesseur, en réduisant à des limites plus restreintes (*annui temporis spatio..., modico tempori, id est non minus quam triginta diebus...*) la durée de la possession.

---

(1) D. 8, 2. 20, f. Paul. — C., 3, 34, 1. Anton.
(2) Ort. t. I, p. 410. — Cod. Théod. 15, 2, 6, Arcadius, Honor. — D. 8, 2, 10. f. Ulpien. — 39, 3, 20, f. Scævola — 43, 20, 3, 54, f. Pomp. — 39, 3, 1, § 23, f. Ulp — Cod. 3, 34, 2, const. Ant.

ANCIEN DROIT FRANÇAIS

Nous n'insisterons pas sur cette seconde partie de notre étude ; nous nous contenterons de parcourir les pays de droit écrit et les pays de coutumes, pour prendre, en passant dans chacun d'eux, les principes juridiques les plus saillants sur la prescription des servitudes.

En le faisant, nous avons moins l'intention de rechercher des précédents qui puissent nous être utiles plus tard, que de donner une idée de l'effrayante anarchie législative qu'avaient à combattre les rédacteurs de notre code civil.

PAYS DE DROIT ÉCRIT.

Si l'on en croyait Bretonnier, tous les parlements de droit écrit, sauf celui de Grenoble, auraient admis la prescription de dix ans entre présents, et de vingt ans entre absents, avec titre et bonne foi.

Mais le rapide examen auquel nous allons nous livrer va faire voir combien ces assertions sont inexactes.

PARLEMENT D'AIX. — Avec titre et bonne foi, l'on pouvait invoquer la prescription de dix et vingt ans ; on admettait même la prescription de trente ans, sans titre. Mais on établissait des distinctions entre les différentes sortes de servitudes. Les servitudes négatives se prescrivaient par trente ans, à compter du jour de la prohibition. Les servitudes discontinues ne pouvaient s'acquérir que par une possession immémoriale ; mais les servitudes continues s'acquéraient tantôt par une possession de trente ans, tantôt par un laps de temps plus court.

PARLEMENT DE BESANÇON. — On ne pouvait acquérir ni perdre aucune servitude par moins de trente ans. Ce laps de temps suffisait pour les servitudes continues, telles que celles de jour, d'égout, d'aqueduc. Mais les servitudes discontinues (droits de passage, pâturage, puisage), exigeaient la possession immémoriale pour être prescrites, lors même que le possesseur avait un titre.

PARLEMENT DE BORDEAUX. — On pratiquait les principes du droit romain sur la prescription des servitudes. On ne prescrivait cependant, sans titre, les servitudes discontinues, que par trente ans, à dater du moment de la contradiction. D'ailleurs, dans le ressort de ce parlement, se trouvaient huit ou neuf coutumes ayant des dispositions spéciales sur la prescription relative aux servitudes.

PARLEMENT DE DIJON. — Régi par le droit romain pour les points non réglés dans la coutume particulière de la province de Bourgogne, il semble que le ressort de ce parlement aurait dû suivre ce même droit, relativement à l'acquisition des servitudes par prescription ; car cette coutume n'avait aucune disposition sur la matière des servitudes. Cependant, les auteurs sont loin de fournir une réponse invariable et décisive. Les uns, comme Chasseneuz, exigeaient un *titre d'imposition*, ou une prescription légitime ; les autres, comme Raviot, semblent indiquer que la jouissance sans titre, quoique immémoriale, ne procède ordinairement que de la tolérance et du bon voisinage. Dans la Bresse et le Bugey, on distinguait les servitudes continues d'avec les servitudes discontinues ; les premières s'acquéraient par la prescription trentenaire, sans titre, tandis que la possession immémoriale était requise pour l'acquisition des autres.

PARLEMENT DE GRENOBLE. — On n'y admettait pas de prescription moindre que celle de trente ans. Quant aux servitudes, on les divisait en servitudes urbaines et rurales. Pour les premières, on suivait la législation romaine et la coutume de Paris ; pour les secondes, on admettait la prescription trentenaire si elles étaient continues, et on exigeait la possession immémoriale si elles étaient discontinues.

PARLEMENT DE PAU. — Il comprenait la province de Béarn et la Basse-Navarre. La coutume de Béarn voulait que l'on suivît *le droit commun*, c'est-à-dire le droit écrit. Il en résulte, dit Lalaure, que les servitudes continues s'y acquéraient par la possession de dix années entre présents et de vingt années entre absents, et que les discontinues ne pouvaient pas être acquises sans titre, en l'absence d'une possession immémoriale. — Dans la Basse-Navarre, il fallait, pour prescrire les servitudes continues ou discontinues, avoir possédé paisiblement, avec titre et bonne foi, pendant dix ou vingt ans, suivant les circonstances. En l'absence du titre, il fallait avoir exercé une possession immémoriale.

PARLEMENT DE TOULOUSE. — Les servitudes continues s'acquéraient par la prescription trentenaire, et les servitudes discontinues, par titre ou possession immémoriale. Un auteur va même jusqu'à dire que la servitude de passage pouvait s'acquérir par trente ans, sans titre.

L'Alsace était régie par le droit écrit. Les servitudes continues se prescrivaient par dix ans entre présents et vingt ans entre absents. Pour l'établissement des servitudes discontinues, le conseil souverain de Colmar exigeait, ou un titre, ou une possession immémoriale.

PAYS DE COUTUMES.

Nous rencontrons, sur ce point, des diversités plus infinies encore que celles dont nous venons de présenter superficiellement le rapide examen.

Le point de départ des principes admis dans les pays de coutumes fut puisé dans le droit romain que l'on modifia, que l'on tempéra suivant les besoins et les exigences de chaque contrée.

Les inextricables variétés de ces modifications et leurs diversités trop nombreuses nous imposent ici des limites que nous ne saurions franchir, sans nous exposer à faire une digression d'autant plus inutile qu'elle ne présente, de nos jours, aucun intérêt sérieusement profitable.

Aussi, nous bornerons-nous à jeter un rapide coup-d'œil sur les idées les plus générales qui se trouvent en relief dans les pays coutumiers.

Certaines coutumes rejettent toutes les servitudes sans titre. C'est ainsi que l'article 186 de la coutume de Paris exige la nécessité de présenter un titre : « le droit de servitude ne s'acquiert point par longue jouissance, quelle qu'elle soit, sans titre, encore qu'on en ait joui par cent ans... » Ainsi *nulle servitude sans titre,* voilà la règle. Mais plusieurs commentateurs proposent d'y ajouter une exception pour les égouts incorporés, qui ne tombent pas seulement sur le fonds du voisin, mais qui sont bâtis dans son héritage, ou qui y sont appuyés. Ils pensent qu'on peut les acquérir sans titres, par prescription [1]. Remarquons, au surplus, avec Merlin, que toutes les coutumes dont il vient d'être parlé ne rejettent point toute sorte de prescription. En effet, Pothier dit dans son introduction au titre *Des Servitudes* de la coutume d'Orléans : « Si le possesseur de l'héritage voisin, qui passait pour en être le propriétaire, sans l'être effectivement,

---

[1] *Sic* Dumoulin, sur l'art. 230 de la coutume de Blois; — Coquille sur la coutume de Nivernais, ch. 10, art. 2, au mot *Egout.*

m'a accordé sur cet héritage un droit de servitude, ce possesseur n'ayant pu me donner un droit dans la chose dans laquelle il n'en avait pas lui-même, je n'en acquiers aucun, mais j'acquiers au moins *causam usu capiendi*. Car si, en vertu de ce titre, j'use *pendant trente ans*, du droit de servitude, j'acquerrai le droit par la prescription. »

D'autres coutumes, en rejetant toute prescription, ne parlent que de quelques servitudes, sans s'expliquer sur les autres. C'est ainsi, par exemple, que les coutumes d'Auxerre et de Montargis se bornent à parler *des vues et égouts sur l'héritage d'autrui;* que celles de Chartres et de Château-Neuf s'occupent seulement *des vues et fenêtres;* que celle de Normandie se contente de citer les « *droitures de servitudes de vues, égouts de maisons et autres choses semblables, etc.* » Faut-il en conclure que les décisions de ces différentes coutumes doivent s'entendre de toutes les servitudes en général, ou de toutes les servitudes urbaines seulement, ou bien uniquement de celles de ces servitudes qui sont exprimées littéralement dans le texte?

Les anciens auteurs étaient, paraît-il, d'accord pour reconnaître que les expressions de ces différentes coutumes se rapportaient à toutes les servitudes urbaines; mais il en était différemment quant à l'extension de ces dispositions aux servitudes rurales. Certains auteurs, partant de ce principe plus ou moins fondé, que l'imprescriptibilité des servitudes était contraire au droit commun, et que l'énonciation de l'une d'elles excluait, de plein droit, toutes les autres, concluaient que les servitudes rurales étaient prescriptibles. Mais, a-t-on répondu, les coutumes n'étaient point des codes complets de législation; ils ne constituaient que de simples recueils des décisions les plus pratiques et des usages les plus avérés. Une coutume, en parlant d'une décision relative à la prescription de certaines servitudes déterminées, n'entendait point trancher des questions qui pouvaient s'élever relativement aux autres.

On trouve d'autres coutumes qui rejetaient la prescription des servitudes, à moins que la possession n'eût été précédée de contradiction. C'étaient celles de Bar, de Berri et de Meaux. On s'est demandé quelle était l'espèce de contradiction exigée par ces coutumes : il est à peu près certain que des défenses verbales n'auraient pas suffi; car, si l'on en croit Bobé [1], elles devaient être faites judiciairement.

D'autres coutumes admettaient la prescription comme mode d'établissement de certaines servitudes seulement. Ainsi, la coutume de Bretagne autorisait la prescription des servitudes en général, et ne la rejetait que pour *les places vides et terrains non clos*. Les coutumes de Clermont, de Courtrai, de Furnes, etc., rejetaient la prescription des servitudes urbaines en admettant celle des servitudes rurales. — Les coutumes de Mantes (art. 94), de Reims (art. 350) et d'Anjou ne repoussaient la prescription que pour les servitudes de nature à exister dans les villes et les faubourgs. — Les coutumes d'Epinal (art. 6, titre 10) et de Lorraine (art. 4, titre 14), autorisaient la prescription des servitudes connues et repoussaient celle des servitudes inconnues. Remarquons, à ce propos, que ces dernières coutumes se fondaient moins sur l'apparence même des servitudes, que sur la connaissance effective que le propriétaire de l'héritage prétendu servant pouvait en avoir.

Une troisième classe de coutumes permettait d'acquérir toutes sortes de servitudes par prescription. Seulement, les unes, comme celle de Douai, exigeaient la possession immémoriale; les autres, comme celle d'Amiens, imposaient des laps de temps variables selon les diverses espèces de servitudes; d'autres, enfin, permettaient d'acquérir les servitudes par la prescription ordinaire : c'étaient celles d'Artois (art. 72), d'Auvergne (chap. 17, art. 2, 3 et 4), de Béarn, de Châlons, (art. 144), de St-Omer (art. 30), de Toul (art. 107), de Valenciennes (art. 93), etc.

Enfin, une quatrième classe de coutumes se composait de celles qui ne contenaient rien de relatif à l'établissement des

---

(1) Sur l'art. 75 de la coutume de Meaux.

servitudes par la prescription. A ce propos, il y a eu désaccord complet entre les jurisconsultes et les commentateurs. Les uns ont pensé que l'on devait admettre les principes du droit romain; les autres ont proposé une distinction entre les servitudes latentes (*quæ solo non inhærent*) et les servitudes apparentes, appliquant aux premières la disposition de l'art. 186 de la coutume de Paris, c'est-à-dire l'imprescriptibilité, et aux autres la possession immémoriale, en l'absence de titre [1]. Un autre auteur [2] propose de recourir à la coutume la plus voisine de celle qui n'a aucune disposition sur la prescription des servitudes, ou à celles qui ont des dispositions à peu près analogues. Malgré ces opinions, très-divergentes comme on le voit, nous croyons, avec des autorités assez nombreuses, que l'on devait suivre et appliquer les dispositions de la coutume de Paris [3].

Nous terminons ainsi la course rapide que nous voulions exécuter à travers des monuments juridiques d'un autre âge. Nous n'avons fait, sans doute, qu'effleurer légèrement leurs variétés infinies et leurs diversités sans nombre; mais nos seules observations seront suffisantes pour imprimer, dans l'esprit, la conviction du trouble, des incertitudes et des difficultés qui devaient en être nécessairement la suite; pour faire sentir combien était désirable, pour la nation française, une législation uniforme; pour permettre d'apprécier l'importance de la mission que les rédacteurs de notre code civil avaient à remplir, et pour faire applaudir aux heureuses conséquences du rôle dont ils étaient chargés.

(1) Boucheul, sur l'art. 372 de la coutume de Poitou.
(2) Louvet, sur les coutumes de Beauvoisis, art. 12.
(3) Conf. l'Hommeau, sur la coutume d'Anjou, art. 180; Leprêtre, ch. 63; Durand, sur l'art. 119 de la coutume de Vitry; et beaucoup d'autres auteurs.

DROIT CIVIL

Nous avons vu ce qu'était la prescription sous la législation romaine et dans notre ancien droit national; nous l'avons prise à son berceau, pour ainsi dire; nous l'avons suivie, non pas dans toutes les modifications qu'elle a pu subir, non pas dans toutes ses péripéties : le sujet que nous avons entrepris de traiter ne nous permettait pas d'insister aussi longuement qu'il eût fallu le faire pour atteindre ce but vers lequel, d'ailleurs, se sont dirigés avec succès tant d'éminents jurisconsultes dont les études juridiques et les appréciations, aussi profondes que philosophiques, présentent un si vif intérêt. Nous avons dû nous borner à jeter, sur les règles fondamentales de cet important sujet, un coup d'œil rapide, et à exposer sommairement certains principes susceptibles de jeter quelque jour sur notre étude, ou d'en signaler à l'avance les difficultés.

Nous avons également analysé quelques règles qui, depuis la fondation de Rome jusqu'au commencement de notre siècle actuel, ont servi de base à l'importante matière des servitudes.

Il nous reste maintenant à rechercher quel parti nos législateurs de 1804 ont su tirer des précédents qui leur étaient offerts.

Et d'abord, posons quelques règles relatives à la prescription, telle qu'elle est organisée dans notre législation contemporaine.

Le code civil reconnaît deux sortes de prescriptions : la prescription acquisitive et la prescription libératoire. La première, c'est-à-dire la seule dont nous ayons à nous occuper ici, peut être définie : *l'acquisition d'une chose par la possession légale qu'on en a eue pendant le temps réglé par la loi.* Elle se compose, par suite, de deux éléments pricipaux : le laps de temps et la possession.

Le laps de temps doit comprendre trente années à partir du commencement de la possession (art. 2262). Dans certains cas, cependant, la prescription s'accomplit au bout d'une période qui varie de dix à vingt ans (art. 2265); et, quand il s'agit de meubles, la possession sans laps de temps suffit à elle seule. Mais, lorsque la loi vient abréger ainsi le laps de temps, elle exige certaines autres conditions qui sont indispensables, et au nombre desquelles se trouvent *le juste titre* et *la bonne foi.*

La possession est la détention physique ou morale qu'une personne exerce à titre de propriétaire, par elle-même ou par un tiers qui la représente, sur un bien corporel ou incorporel [1]. Cette définition en comporte deux qu'il faut se garder de confondre. Les mots *détention physique*... se réfèrent à la possession des choses corporelles, c'est-à-dire au droit de propriété, tandis que les expressions *détention morale*... se rapportent aux choses incorporelles, c'est-à-dire aux purs droits qui ne sont pas susceptibles d'une appréhension matérielle.

Remarquons que, lorsqu'il s'agit de la possession d'un droit intégral de propriété, la détention n'est pas seulement l'usage même de la chose; c'est aussi la faculté matérielle de s'en

---

[1] Marcadé, *de la Prescript.*

servir et d'en disposer; c'est la puissance de fait qu'on a sur elle. Aussi, ceux qui possèdent *sine animo rem sibi habendi*, qui reconnaissent qu'une autre personne a la maîtrise de la chose, les dépositaires, les locataires, les fermiers, ne prescrivent point (art. 2228 et 2236).

Lorsqu'il s'agit, au contraire, des démembrements d'un droit de propriété, il semble que, ne pouvant être touchés physiquement, appréhendés matériellement, ils ne sont pas susceptibles d'une possession proprement dite ; et que l'idée romaine de *quasi-possession* est seule admissible. Cependant, la pratique ne s'est pas arrêtée devant cette subtilité doctrinale; car les seuls droits dont elle ait à s'occuper sont ceux qu'on peut avoir sur les choses, sans s'inquiéter si ces droits portent sur la propriété tout entière, ou seulement sur quelques-uns de ses démembrements.

Dans tous les cas, pour acquérir la possession, il faut la réunion du *fait* et de l'*intention*, la simultanéité du fait de la détention et de l'intention d'avoir la chose pour soi. D'une part, *factum*, de l'autre, *animus* : telles sont les deux conditions nécessaires.

Mais si la possession ne s'acquiert que *facto et animo*, elle peut se conserver *animo solo :* la volonté du détenteur est alors suffisante, pourvu toutefois, bien entendu, qu'un tiers ne vienne pas s'emparer de la chose, en réunissant le fait et l'intention. Encore faut-il, dans cette dernière hypothèse, que le tiers ait possédé pendant une année entière ; sinon, il se trouverait lui-même dans l'impossibilité de conserver sa possession pour prescrire.

Quant à la perte de la possession, elle s'accomplit ou par le fait d'un tiers, comme nous venons de le dire, ou par l'abandon volontaire. Cet abandon peut être effectué de deux manières : ou par la tradition que nous faisons d'une chose à quelqu'un, dans l'intention de lui en transférer la possession, — ou par une abdication pure et simple en délaissant la possession sans la transmettre à personne.

Pour fonder la prescription, la possession doit réunir six caractères. En effet, d'après l'article 2229 du code civil, il faut qu'elle soit : 1° continue, 2° non interrompue, 3° paisible, 4° publique; 5° à titre de propriétaire; 6° non équivoque.

En premier lieu, la possession doit être *continue*, c'est-à-dire qu'elle doit présenter une jouissance normale, une jouissance régulière et sans intermittence.

En second lieu, la possession doit être *non interrompue*. L'interruption est *naturelle* ou *civile*; naturelle : 1° lorsque le possesseur l'abandonne volontairement, 2° lorsque, dépossédé soit par le propriétaire, soit par un tiers, il laisse passer une année sans se faire réintégrer dans sa possession; *civile* : 1° quand le propriétaire a exercé des poursuites judiciaires contre le possesseur (art. 2244), 2° quand le possesseur a reconnu le droit de celui contre lequel il prescrit (art. 2248).

Il faut, en troisième lieu, que la possession soit *paisible*; et elle n'est paisible que si on l'a acquise et conservée sans violence [1]. Remarquons que le vice résultant de la violence n'est que relatif, qu'il se trouve purgé dès que la violence cesse, et qu'il ne peut être invoqué que par celui qui a été violenté, ou par ses représentants.

La possession doit encore être *publique*. On comprend aisément pourquoi le législateur exige cette condition : il faut que celui contre lequel on invoque la prescription ait connu l'atteinte que l'on portait à son droit, pour y mettre obstacle; or, il ne pouvait pas agir tant qu'il ignorait la possession de son adversaire; donc il est juste de ne pas lui opposer une négligence dont il n'a point fait preuve : *contra non valentem*

---

[1] Certains auteurs pensent, il est vrai, que la possession est paisible du moment où elle a été *acquise* sans violence, et que l'on ne doit pas, dans le but de lui enlever ce caractère, rechercher si le possesseur l'a conservée en repoussant par la force les actes au moyen desquels le propriétaire a tenté d'entraver sa jouissance. Mais nous n'admettons pas cette opinion qui a le tort d'être contraire à la doctrine des anciens auteurs, d'après lesquels le possesseur, pour arriver à la prescription, devait avoir joui *franchement et sans inquiétation* (art. 113 de la cout. de Paris). — Conf. Mourlon, rép. écr., t. III, p. 751 et 752; Marcadé, de la prescription.

agere, non currit præscriptio. Comme le vice provenant de la violence, celui qui résulte de la clandestinité se trouve purgé quand la possession devient publique, et il n'est que relatif, *nec clam ab adversario* : celui-là seul peut l'invoquer qui n'a pas pu connaître la possession parce qu'on la lui a cachée. Seulement, il ne s'agit pas de savoir si l'adversaire du possesseur a connu ou n'a pas connu la possession ; mais de savoir si cette possession, en elle-même, pouvait ou ne pouvait pas être connue de lui [1].

Pour prescrire, il faut encore posséder *à titre de propriétaire*; en d'autres termes, la loi veut trouver chez le possesseur l'*animus domini*, l'*animus sibi rem habendi*.

On peut opposer à cette possession trois sortes de jouissances : la jouissance de pure faculté, la jouissance à titre précaire, la jouissance de simple tolérance.

Les actes de pure faculté, qui ne peuvent baser la prescription, sont ceux que l'on peut faire, soit en vertu de la disposition permissive d'une loi municipale ou d'un statut local, soit en vertu du droit naturel [2]. Ainsi, tout en étant resté, pendant trente ans, sans aller puiser de l'eau à une fontaine communale je n'en conserve pas moins mon droit. De même encore, si, pendant trente ans, je n'ai pas usé de la faculté que la loi m'accorde d'ouvrir dans mon mur qui joint votre terrain, des jours à verre dormant et à fer maillé (art. 676), vous ne pouvez pas invoquer la prescription pour m'empêcher de les ouvrir aujourd'hui.

La jouissance à titre précaire est celle que nous exerçons en reconnaissant, chez un autre, la maîtrise de la chose que nous détenons pour lui, en qualité de représentants. Ainsi la possession d'un fermier, d'un usufruitier, d'un dépositaire est précaire et ne peut pas, par suite, servir de base à la prescription.

La jouissance à titre de tolérance est celle qu'une personne a le droit d'empêcher, mais qu'elle souffre par complaisance et

---

[1] Marcadé, prescript., sur l'art. 2229, v.
[2] Duranton, t. XXI, numéros 232 et suiv.

bon voisinage, eu égard au peu de préjudice qu'elle lui cause : *quidni enim alteri communicentur, quæ sunt accipienti utilia, danti non molesta* [1] ?

Enfin, il faut, en sixième lieu, que la possession soit *non équivoque*. Cette dernière qualité qu'elle doit revêtir n'est, pour ainsi dire, que la confirmation des précédentes. C'est ainsi que la possession est équivoque quand elle n'a pas été continue, quand elle s'est montrée puis cachée tour à tour, sans oser accentuer son caractère, quand elle n'a pas été exclusive, quand on ne sait si elle a été exercée par suite de la familiarité du voisin ou à titre de propriétaire.

Tels sont les caractères que doit avoir la possession pour mener à la prescription. Nous avons voulu en présenter un résumé succinct, pour pouvoir suivre plus facilement, sur leur propre terrain, les diverses difficultés que comporte notre sujet.

Des servitudes ou services fonciers. — « Une servitude est, dit l'art. 637 du code civil, une charge imposée sur un héritage pour l'usage et l'utilité d'un héritage appartenant à un autre propriétaire. »

Il résulte de cette définition : 1° qu'à la différence des droits d'usufruit et d'usage qui, constitués au profit d'une personne déterminée, n'ont qu'une durée limitée, les servitudes ou services fonciers empruntent aux fonds dont ils sont les démembrements leur caractère de perpétuité ; 2° que les servitudes ou services fonciers ne peuvent être établis que sur un héritage au profit d'un héritage [2]. L'idée de contiguïté du fonds dominant et du fonds servant, ordinairement attachée à l'essence des servitudes, n'en est cependant pas inséparable. Ainsi, propriétaire d'une maison séparée de votre fonds par un terrain qui ne nous appartient pas, je puis très-bien stipuler de vous que

---

[1] Cicéron, *de off.* lib. 1, cap. 10.
[2] On entend, par cette expression *héritage*, un bâtiment ou un fonds de terre, c'est-à-dire un bien immeuble par sa nature (art. 687 du code civil).

vous n'élèverez aucune construction sur votre propriété, c'està-dire que vous me laisserez jouir de la servitude d'aspect. De même encore, vous êtes complétement libre d'établir une servitude de passage au profit de mon champ, bien qu'il soit divisé du vôtre par un héritage intermédiaire.

La servitude est un droit réel qui, activement et passivement, suit le fonds dominant ou le fonds servant, partout où il passe : *etsi per mille manus ambulet.*

Elle consiste, pour le propriétaire du fonds asservi, à souffrir ou à ne pas faire quelque chose ; elle ne lui impose point l'obligation de faire ; à moins, toutefois, qu'il ne se soit engagé, par convention spéciale et expresse, à exécuter les travaux que nécessite l'établissement ou la conservation de la servitude.

Aux termes de l'art. 639 du code civil, les servitudes dérivent ou de la *situation naturelle des lieux*, ou des *obligations imposées par la loi*, ou des *conventions* entre les propriétaires. La justesse de cette division tripartite peut être contestée par de puissantes raisons. D'abord, peut-on dire, la différence entre les servitudes *légales* et les servitudes *naturelles* n'existe que dans les mots et non dans les choses, car les unes et les autres dérivent de la loi seulement. D'un autre côté, peut-on ajouter, ces prétendues servitudes n'en devraient pas porter le nom ; ce ne sont là que des obligations imposées par les lois pour assurer, pour sauvegarder la libre jouissance des propriétés foncières. Car enfin, si chacun avait le droit d'user de sa chose selon son bon plaisir, d'après ses caprices, si la propriété n'avait pas été réglementée, un pareil absolutisme abandonné à chacun aurait entraîné les résultats les plus désastreux, les plus fâcheuses conséquences ; l'ordre social aurait perdu ses garanties : la liberté sans frein n'est autre chose que la licence, et la licence est la négation la plus éclatante de toute liberté. Il faut donc que la loi donne à la propriété ses modalités d'existence ; mais, en le faisant, elle ne la démembre, elle ne la restreint en aucune façon, et, dès-lors, elle ne crée point de servitudes.

Quoi qu'il en soit, et tout en admettant la gravité de ces raisons, prenons la classification du code civil, telle qu'elle se trouve posée dans l'art. 639, et rappelons, en quelques mots, ses plus importantes subdivisions.

Les servitudes qui dérivent de la situation naturelle des lieux sont au nombre de trois : 1° les cours d'eau, c'est-à-dire l'usage que chacun peut en tirer et les obligations qui naissent de leur présence; 2° le bornage des propriétés contiguës, c'est-à-dire le droit appartenant à toute personne qui possède, *à titre de propriétaire*, de faire déterminer, vis-à-vis des propriétaires voisins, la limitation exacte et irrévocable de son héritage; 3° le droit de clore ses héritages.

Les servitudes établies par la loi ont trait à l'utilité publique ou communale, ou à l'utilité des particuliers. Celles qui ont l'utilité publique pour objet sont : le chemin de halage et le marchepied sur le bord des rivières navigables ou flottables, la construction ou réparation des chemins ou autres ouvrages publics ou communaux.

Les servitudes qui sont établies par la loi pour l'utilité des particuliers sont relatives au mur et au fossé mitoyens, à la maison, à la cour et à la fosse communes, au cas où il y a lieu à contre-mur, aux vues sur la propriété du voisin, à l'égout des toits, au droit de passage.

Enfin, viennent les servitudes établies par le fait de l'homme. Pourvu qu'elles ne soient ni contraires à l'ordre public, ni imposées à une personne ou en faveur d'une personne, ces servitudes peuvent varier de nature selon les caprices et au gré des propriétaires qui les constituent.

Le code civil en distingue trois espèces. Elles peuvent être : *urbaines* ou *rurales; continues* ou *discontinues; apparentes* ou *non apparentes*.

Aux termes de l'article 687 du code civil, les servitudes *urbaines* sont celles que l'on établit pour l'usage des bâtiments situés tant à la ville qu'à la campagne; tandis que les servitudes *rurales* sont constituées pour l'usage des fonds de terre.

Cette distinction, qui ne devait pas entrer dans notre code, y a été insérée par mégarde : les rédacteurs l'ont copiée servilement dans les ouvrages d'anciens interprètes qui ne paraissent pas avoir compris la véritable doctrine des jurisconsultes romains sur ce sujet. Nous avons vu qu'à Rome, la servitude rurale était celle *quæ in solo consistit*, c'est-à-dire qui n'implique nullement l'idée d'une construction, d'un édifice quelconque, et qui s'exerce sur le sol bâti ou non bâti ; tandis que la servitude urbaine était celle *quæ in superficie consistit*, qui fait naître dans l'esprit l'idée d'un bâtiment, sans lequel on ne peut la concevoir. Ainsi, avons-nous dit, un droit de passage était toujours une servitude rurale, qu'on l'eût établi pour le service d'une maison ou pour l'exploitation d'un fonds de terre ; comme le droit d'égout d'un toit, qu'il eût pour objet l'irrigation d'un terrain bâti ou celle d'un terrain non bâti, constituait toujours une servitude urbaine. Il y avait donc une ligne de démarcation très-nette entre ces deux catégories de servitudes, et la nature de chacune d'elles restait toujours la même, bien que celle du fonds dominant fût changée : *ratio non patitur ut eadem specie servitus nunc rustica, nunc urbana dicatur* [1].

Notre code a méconnu ce principe si logique en décidant qu'une servitude pourrait être urbaine ou rurale, selon qu'elle aurait pour objet l'utilité d'un bâtiment ou d'un fonds de terre. Aussi, cette distinction est-elle aujourd'hui complétement abandonnée.

Mais le législateur a été plus heureux quand il a présenté cette autre classification qui divise les servitudes en continues ou discontinues, apparentes ou non apparentes. Il s'est sans doute imbu des doctrines présentées par nos anciens jurisconsultes ; seulement, il n'a puisé, dans leurs ouvrages, que ce qu'ils renfermaient de rationnel, de clair et de précis, pour s'en servir comme point de départ de l'ère nouvelle dans laquelle il allait faire entrer la législation relative aux servitudes. Puis,

---

[1] Vinnius, *Inst. de serv.*, § 1, n° 1.

développant le principe, il a formulé, dans l'article 688, des règles qu'il est très-important de connaître, et sur lesquelles nous devrons nous appuyer pour résoudre la plupart des difficultés si fréquentes de notre sujet. Voici cet article que nous citons textuellement à cause de sa clarté :

ARTICLE 688. « Les servitudes sont continues ou disconti-
» nues. — Les servitudes continues sont celles dont l'usage
» est ou peut être continuel sans avoir besoin du fait actuel de
» l'homme : tels sont les conduites d'eau, les égouts, les vues
» et autres de cette espèce. — Les servitudes discontinues
» sont celles qui ont besoin du fait actuel de l'homme pour être
» exercées : tels sont les droits de passage, puisage, pacage et
» autres semblables. »

La servitude est continue quand même le fait de l'homme deviendrait nécessaire pour en rendre possible l'exercice. Ainsi le droit d'aqueduc, qui réclame pour son établissement le fait de l'homme, n'en constitue pas moins une servitude continue, pouvant s'exercer par elle-même et toute seule quand l'ouvrage est établi.

D'un autre côté, la servitude peut être continue, sans que l'usage en soit continuel; ce qui en fait l'essence, c'est la possibilité de la continuité. Telle est l'idée qu'exprime très-nettement le législateur quand il dit dans l'article 688 : « Les servitudes
» continues sont celles dont l'usage est OU PEUT ÊTRE conti-
» nuel. » Par conséquent, les parties qui constituent une servitude peuvent très-bien en soumettre l'exercice à des intermittences : si, par sa nature, elle éveille dans notre esprit l'idée de continuité, son caractère juridique reste identique, même en présence de la convention des parties.

Les servitudes *apparentes* sont celles qui s'annoncent par des ouvrages extérieurs, tels qu'une porte, une fenêtre, un aqueduc. Les servitudes *non apparentes* n'ont pas de signes extérieurs de leur existence : telle est, par exemple, la prohibition de bâtir sur un fonds, ou celle de bâtir au delà d'une hauteur déterminée (art. 689).

La servitude *apparente* ne commence à s'exercer comme telle, que quand les ouvrages extérieurs, par lesquels elle doit s'annoncer, sont établis.

Ces divers caractères des servitudes, dont nous venons de parler, sont quelquefois isolés ; mais aussi, fréquemment on les trouve réunis. Ainsi, le plus souvent, l'apparence est jointe à la continuité, comme dans les servitudes de conduites d'eau, de vues; tandis que la discontinuité accompagne ordinairement la *non apparence*, comme dans la servitude de passage à travers un champ.

En un mot, et pour résumer l'idée que nous venons de donner très-superficiellement sur la division des servitudes, disons qu'elles peuvent être l'objet de quatre combinaisons :

Elles peuvent être :

1° Continues et apparentes (droit de vue s'exerçant par une fenêtre);

2° Continues et non apparentes (prohibition de bâtir);

3° Discontinues et apparentes (passage exercé par une porte);

4° Discontinues et non apparentes (passage exercé sur un champ).

Nous avons fait préalablement le rapide exposé de ces quelques principes, dans le but de dégager, des règles fondamentales dont elles dérivent, les explications que nous avons à fournir; dans le but d'éviter la confusion qu'auraient naturellement jetée, sur notre travail, des retours trop fréquents aux dispositions qui servent de base à la prescription et aux servitudes.

Peut-être serait-on tenté de nous accuser d'avoir fait une digression dont notre sujet pouvait se passer. Mais, à vrai dire, ce reproche ne nous toucherait guère; car, comme un édifice quelconque réclame, avant tout, un terrain ferme et des bases solidement établies, pour présenter, plus tard, toutes les garanties de sécurité et de durée, de même il faut qu'une étude juridique soit appuyée sur des règles certaines et sur des principes aussi solides que précis : si ces règles et ces principes n'en sont pas le point de départ, infailliblement elle s'écartera de la direction qu'elle devait suivre, et ne pourra pas repousser la moindre attaque dirigée contre elle !

Le législateur de 1804 se trouvait en présence d'une grande variété d'opinions sur la question de savoir si la prescription pouvait s'appliquer aux servitudes. Il avait à examiner la portée des considérations émises par les jurisconsultes qui, sans admettre aucune distinction, se prononçaient invariablement pour le propriétaire, au détriment du possesseur; il avait à rechercher si les servitudes pouvaient être l'objet d'une possession susceptible d'en engendrer l'acquisition; ou si, au contraire, cette possession devait n'être considérée que comme exercée par suite d'une simple tolérance de la part des propriétaires qui ne s'étaient pas trouvés à même de la connaître, de la constater, de s'y opposer; il avait à mesurer la juste valeur de la doctrine d'après laquelle certaines servitudes pouvaient, à cause de leur caractère d'apparence et de continuité, former l'objet d'une possession véritablement juridique. — Devait-il, en un mot, décider que jamais la prescription ne pourrait être invoquée pour motiver l'établissement d'une servitude? Devait-il, au contraire, admettre que, dans tous les cas, le propriétaire du fonds dominant aurait la faculté de recourir à ce moyen? Ou bien, enfin, adoptant une théorie mixte, pouvait-il permettre d'avoir recours à la possession pour acquérir certaines servitudes?

C'est à ce dernier parti qu'il s'est arrêté définitivement; et nous croyons, avec d'imposantes autorités, qu'il a eu raison. Effectivement, un grand nombre de servitudes sont, d'une part, si nécessaires au développement de l'agriculture, à l'amélioration de la propriété foncière, à la bonne exploitation des terres, et, d'autre part, si gênantes pour celui qui, par négligence, les subit sans se plaindre, que l'on doit, dans un but d'utilité générale, laisser de côté ses réclamations trop tardives.

Voilà pourquoi, dans l'article 690, le législateur a déclaré que les servitudes continues et apparentes peuvent s'acquérir par la possession de trente ans.

Mais ne perdons pas de vue les termes dans lesquels cet article est conçu : les servitudes *continues* ET *apparentes*, y est-il dit; donc une servitude simplement continue, ou seulement apparente ne pourrait pas être acquise de cette façon : la conjonction ET représente la condition essentielle en l'absence de laquelle la possession serait inutile et infructueuse : l'apparence et la continuité doivent toujours marcher de pair et sont inséparables; sinon, le principe contenu dans l'article qui vient d'être indiqué cesserait d'être applicable, et l'on rentrerait sous l'empire des dispositions de l'article 691 ainsi conçu :

« Les servitudes continues non apparentes, et les servitudes
» discontinues apparentes ou non apparentes ne peuvent s'éta-
» blir que par titres. — La possession même immémoriale ne
» suffit pas pour les établir... »

Si l'intention du législateur paraît, au point de vue théorique, suffisamment marquée, suffisamment évidente, elle laisse cependant passage, dans la pratique, à des difficultés assez nombreuses : cela tient à ce que l'on n'est pas parfaitement arrêté sur le caractère de certaines servitudes dont la nature se trouve environnée d'incertitudes.

Avant d'en aborder l'examen direct, remarquons que la possession doit, pour fonder l'acquisition des servitudes, réunir les conditions requises par l'article 2229 dont nous avons déjà parlé; c'est-à-dire que cette possession doit être continue, non interrompue, paisible, publique, non équivoque, et à titre de propriétaire [1]. Elle serait équivoque si, par exemple, pour irriguer un fonds dont il est propriétaire, un fermier s'était servi, pendant trente ans, des eaux provenant du domaine affermé [2].

Il faut aussi, pour qu'une servitude puisse être acquise par

---

[1] Voir ce qui a été dit, p.
[2] Cass. 19 mars 1834. Conf. Duranton, t. V, n° 586. — Demol. *Serv.* t. II, p. 285.

prescription sur un immeuble, que cet immeuble soit aliénable. Par conséquent, l'exercice même trentenaire d'une servitude sur un fonds dotal ne peut avoir pour résultat d'autoriser le possesseur à invoquer la prescription. C'est là, du moins, un principe général que la cour suprême a plusieurs fois consacré en y apportant seulement deux exceptions : la première est relative au cas où le propriétaire voisin du fonds dotal, se trouvant en état d'enclave et n'ayant pas d'accès plus court, a traversé, pendant trente ans, ce même fonds ; la seconde a trait à l'hypothèse dans laquelle la possession aurait commencé avant le mariage et se serait continuée pendant trente années [1].

Remarquons enfin que le caractère d'apparence inhérent aux servitudes susceptibles d'être acquises par la prescription, réclame nécessairement des ouvrages quelconques, des signes extérieurs, visibles, qui en révèlent l'existence ; et que la possession utile ne commence qu'à partir du moment où ces ouvrages, ces signes extérieurs ont été définitivement exécutés. C'est ce qu'un commentateur de la coutume de Normandie exprime en ces termes : « en ces sortes de servitudes, la prescription ne com-
» mence à courir qu'après que l'ouvrage nécessaire a été fait,
» parce que ce qui n'est point ne peut être prescrit [2]. »

Mais ici se présente la grave et sérieuse question de savoir si ces travaux doivent être exécutés sur le fonds servant ou seulement sur le fonds dominant. A ce propos, les auteurs sont loin d'être d'accord, et la jurisprudence, fixée définitivement aujourd'hui, présente des solutions diverses qu'il n'est pas inutile d'examiner brièvement.

Deux opinions principales sont en présence : celle de la doctrine et celle de la jurisprudence. La doctrine, en général, admet que les travaux peuvent être exécutés indifféremment, soit sur le fonds supérieur, soit sur le fonds inférieur ; et voici

---

[1] Ch. civ. 20 janvier 1847. D. P. 47, 1, 112 ;
    Conf. 7 mai 1829. D. P. 29, 1, 238 ;
    12 déc. 1843. D. P. 44, 1, 81 ;
[2] Basnage, Œuvres, t. II, p. 405, édition de 1709.

le résumé du raisonnement qu'elle fait relativement à l'acquisition des eaux de sources par les propriétaires inférieurs. D'abord, dit-on, il suffit de recourir à la discussion des articles 641, 642 au conseil d'Etat et au Tribunat, pour reconnaître que l'intention du législateur, en édictant ces deux articles, a été d'exiger seulement que les ouvrages fussent faits par le propriétaire inférieur sur son propre terrain. — En second lieu, fait-on observer, le législateur a voulu formuler, dans ces mêmes articles, une règle qui fût sérieuse et susceptible d'application : cela n'est pas douteux ! Or, à quoi servirait au propriétaire inférieur d'avoir la faculté d'acquérir, par la prescription, un droit aux eaux provenant d'un fonds supérieur, si, pour user de cette faculté, il lui fallait exécuter des travaux sur un terrain qui ne lui appartient pas ? Est-ce que le propriétaire de ce terrain tolérerait son entreprise et souffrirait ses tentatives ? De son côté, le propriétaire inférieur serait-il assez simple et assez imprudent pour s'introduire sur le champ d'autrui, dans le but d'y faire des travaux, et pour s'exposer, de la sorte, à être condamné comme auteur de voies de fait ?... Donc le législateur ne pouvait pas, en présence de ces considérations, imposer la nécessité d'établir les travaux sur le fonds supérieur; donc il suffit qu'ils soient faits sur le fonds inférieur. Qu'on ne dise pas, ajoute-t-on, que le propriétaire de la source n'a pas eu le moyen d'interrompre la prescription; car il a pu, pendant les trente ans, en arrêter le cours, soit en détournant l'eau, soit en l'absorbant par l'irrigation de son fonds, soit en déclarant, par une protestation formelle, qu'il n'entendait point laisser prescrire contre lui le droit d'en changer le cours [1].

Beaucoup d'auteurs ont été séduits par cette argumentation

---

[1] V. notamment Delvincourt, t. I, p. 539 et 450; Favard de Langlade, Rép. v° *Servitudes*, section 2, § 1, n° 2; Pardessus, *Servitudes*, n° 100, Solon, *des servitudes*, p. 246; Coulon, *Quest. de Dr.*, t. I, p. 236; Massé et Vergé, t. II, p. 181; Marcadé, sur l'art. 642, n° 2; Ducaurroy, Bonnier et Roustaing, t. II, n° 268; Demante, *Cours analytique*, t. II, n° 493 bis; — Voir, dans le même sens, un arrêt de la cour de Rouen, en date du 16 juillet 1857 (D. P. 57, 2, 181).

qui a le grave défaut de n'être nullement juridique. Seule, la jurisprudence n'a pas craint de la repousser, pour admettre le système contraire, qu'elle a, depuis longtemps, érigé en principe et qu'elle vient de consacrer encore tout récemment. Souvent on l'a sollicitée de revenir, de se rétracter; mais toujours elle est restée inflexible et inébranlable. En vain la cour de Rouen avait-elle essayé, le 16 juillet 1857, de se soustraire au joug des décisions rendues jusqu'alors, pour inaugurer un système qui avait contre lui la répulsion des cours d'appel et de la cour suprême : l'année suivante, en effet, elle vit casser son arrêt et fut forcée de se rendre à une jurisprudence désormais constante.

Nous n'hésitons pas, en ce qui nous concerne, à repousser aussi le premier système, et à dire, avec la cour suprême, que les travaux doivent être exécutés sur le fonds supérieur. En effet, le propriétaire de ce fonds est le maître de la source; on ne peut, dès-lors, prescrire contre lui cette propriété, que par des moyens conformes aux principes généraux du droit, c'est-à-dire de nature à manifester clairement l'intention de prescrire. Or, connaîtra-t-il cette intention, si les ouvrages ne sont que sur le fonds inférieur, et si, surtout, ces deux fonds sont séparés par des édifices ou des murs? Evidemment non. Il arrivera donc que le propriétaire inférieur aura fait des actes tendant à la prescription, sans que le propriétaire supérieur ait pu les connaître, et sans qu'il ait eu le moyen de les empêcher.

Nos adversaires se basent sur le procès-verbal de la discussion de l'article 642 au conseil d'Etat et au Tribunat; mais l'argument qu'ils en tirent ne peut pas être considéré comme suffisant pour renverser un texte formel. Un des auteurs qui partagent l'opinion que nous combattons, Pardessus, le reconnaît lui-même quand il dit que ce procès-verbal *n'est qu'une autorité*;... qu'il ne peut donner lieu qu'à une opinion susceptible d'être combattue [1].

---

[1] T. II, p. 88.

On objecte encore que si l'article 642 avait en réalité la signification qu'on lui prête, il ne serait presque jamais appliqué, car, le plus souvent, les travaux dont il s'agit, pour être profitables au fond inférieur, ne devront être établis qu'à une assez grande distance de la source. — Cet argument nous touche fort peu ; car on peut tout d'abord remarquer que son point de départ est une inexactitude : l'expérience ne démontre-t-elle pas que, fréquemment, les ouvrages dont parle le législateur ne présentent d'utilité que lorsqu'ils sont pratiqués sur la limite des héritages? D'ailleurs, du moment où les partisans du système contraire nous concèdent que, dans certains cas, les travaux pourront être exécutés sur le fonds supérieur, ils admettent que l'art. 642, entendu comme nous l'entendons, n'est pas inutile dans le code : or, voilà tout ce que nous désirions établir ! Du reste, la sincérité les oblige à reconnaître eux-mêmes le caractère défectueux et le côté peu pratique de leur doctrine ; car la possession qui, pour engendrer la prescription, doit être publique et non équivoque, n'atteindrait presque jamais ce double but, s'il suffisait que les travaux fussent exécutés sur le fonds inférieur.

On a beau s'écrier que nul, à moins d'être totalement dépourvu de bon sens, ne voudra s'en aller faire des travaux sur un fonds, sans avoir, au préalable, obtenu le consentement du propriétaire de ce fonds ; qu'il s'exposerait à faire ainsi une dépense absolument inutile et à se trouver poursuivi comme auteur de voies de fait ! Car nous pourrions demander, à notre tour, si le propriétaire inférieur a fait preuve d'intelligence et de prévoyance, lorsqu'il a pratiqué des ouvrages sur son propre fonds et s'est mis ainsi à la merci du propriétaire supérieur, qui pouvait les rendre inutiles en détournant les eaux !

Du reste, de quelles expressions se sert donc l'article 642 ? La prescription, dit le législateur, ne commence à courir que du moment où le propriétaire du fonds inférieur « a fait et ter- » miné des ouvrages apparents destinés à faciliter la *chute* et le » cours de l'eau *dans sa propriété.* » Où doivent être faits ces travaux pour faciliter *la chute... dans le fonds inférieur?* La raison seule l'indique : c'est à l'endroit où les eaux quittent le fonds supérieur, mais de manière à empiéter quelque peu sur ce fonds ; c'est à la limite séparative des deux héritages, mais de telle sorte que les travaux *mordent*, comme le dit si exactement M. Demolombe, sur l'héritage supérieur lui-même [1].

Mais, de quelle nature doivent être ces ouvrages, pour satisfaire au vœu de la loi ? Est-il nécessaire qu'ils soient en maçonnerie ? La réponse à cette question dépend beaucoup des circonstances particulières, dont il faut tenir compte dans chaque espèce ; car, pour apprécier l'importance de ces ouvrages, on doit prendre surtout en considération celle du fonds dans l'intérêt duquel ils sont faits. Seulement, on peut poser en principe que, d'une part, ils doivent être visibles, *apparents*, de nature à révéler clairement chez le possesseur l'intention de prescrire ; et que, d'autre part, ils doivent offrir un caractère non équivoque de permanence et de fixité. Quand on veut rechercher si ces conditions sont remplies, il faut étudier chaque hypothèse dans ses plus minutieux détails, en songeant qu'ici, plus que partout ailleurs, les faits ont une importance capitale et décisive.

Examinons, à ce sujet, une espèce que l'on nous soumettait récemment à nous-même : le propriétaire d'une prairie, pour subvenir aux besoins de son ménage, avait creusé, vers le

---

[1] *Doctrine.* V. sur cette importante question, M. Demolombe qui, par de fécondes et savantes déductions, réduit à néant toute la doctrine contraire (*Serv.* t. I, p. 87-97) ; — Dans le même sens, Henrion de Pansey, *Compét. des juges de paix*, c. XXVI, § 4 ; Toullier, t. III, n° 625 (cet auteur avait d'abord adopté le système opposé, parce que, dit-il, l'autorité du Tribunat lui avait fait illusion) ; Vazeille, *Prescript.*, n° 401 ; Proudhon, *Dom. publio*, t. IV, n° 1372 ; Garnier, *Régime des eaux*, t. III, p. 728 ; Dubreuil, *Des cours d'eau*, p. 92 ; Taulier, t. II, p. 364.
Jurisprudence, civ. cass. 25 août 1812 ; req. 6 juillet 1825 ; 5 juillet 1837 ; 15 avril 1845. (D. A. 1, 267 ; 25, 1, 356 ; 37, 1, 365 ; 45, 1, 255.) — Adde : Req. 15 févr. 1854 (D. P. 54, 1, 141) ; civ. cass. 19 nov. 1855 (D. P. 56, 1, 345) ; req. 1 déc. 1856 (D. P. 57, 1, 21) ; civ. cass. 18 mars 1857 (D. P. 57, 1, 122) ; civ. cass. 8 févr. 1858 (D. P. 58, 1, 68) ; Cour de Caen, 1re chambre, 30 mars 1859 (Recueil de Caen, 1859) ; civ. cass. 23 janvier 1867 (D. P. 67, 1, 159) ; Req. 17 nov. 1869 (D. P. 70, 1, 197) ; 5 juin 1872, (D. P. 1874, 1, 86).

milieu de cette prairie, une fontaine qu'alimentait une source située dans un herbage voisin. Dans le but de faire arriver sur lui les eaux de cette source, il avait pratiqué un ruisseau qui commençait, sur le fonds supérieur, à plus de 2 ^{m} 50 de la haie séparative, puis allait directement aboutir à la fontaine. Pendant trente ans, il avait exactement procédé au curage et à l'entretien périodique de ce ruisseau, tant sur sa prairie que sur l'herbage du propriétaire limitrophe, sans avoir reçu la moindre observation de la part de ce dernier. Il nous demandait si, dans ces circonstances, il avait acquis, par la prescription, un droit irrévocable aux eaux provenant de la source de son voisin. Nous avons cru devoir répondre affirmativement, et nous maintenons aujourd'hui encore notre solution. D'abord, le propriétaire de la source a parfaitement connu l'usurpation commise à son préjudice; il n'est donc pas recevable à venir arguer d'ignorance. D'un autre côté, les travaux exécutés par le possesseur, non-seulement à la limite des deux héritages, mais encore à une distance assez considérable de cette limite, sur le fonds supérieur, n'ont-ils pas suffi pour instruire le propriétaire de ce fonds, pour éveiller en lui des soupçons, pour le mettre en garde contre un droit rival ? On ne saurait sérieusement le méconnaître. Qu'exige, en effet, l'art. 642 ? Que les ouvrages soient apparents. Or, dans l'espèce, cette double condition se trouvait parfaitement remplie. Donc la prescription avait dû courir conformément aux dispositions de ce même article. C'est, du reste, en ce sens que s'est prononcé, le 30 juin 1857, le tribunal de Barbezieux : « Attendu, lit-on
» dans le jugement rendu, que la jurisprudence admet que
» les travaux apparents dont l'art. 642, C. Nap., exige l'achè-
» vement comme point de départ de la prescription, doivent
» être proportionnés à l'importance du volume d'eau de la
» source et à l'étendue des propriétés qui doivent profiter de
» l'irrigation; que, dans l'espèce, ceux ci-dessus spécifiés et
» tous les faits de la cause sont tels qu'ils n'ont dû ni pu
» laisser dans l'esprit de Billette (propriétaire supérieur) aucun

» doute sur les véritables intentions de son voisin à l'endroit
» des eaux dont il entendait user au profit de son pré, d'autant
» plus que les faits de possession offerts en preuve sont si
» précis et si bien caractérisés, qu'ils auraient été et seraient
» encore, s'ils sont prouvés, *une interpellation successive et con-*
» *tinuelle adressée au propriétaire de la source, dont ils auraient*
» *constamment menacé les droits...* »

Un pourvoi fut dirigé contre ce jugement; mais la Cour de Cassation le rejeta, en se basant, comme le jugement l'avait fait lui-même, sur le caractère suffisamment apparent des travaux qui ne consistaient cependant qu'en une simple tranchée entamant le fonds supérieur [1].

Nous venons de voir que l'on peut acquérir, par la possession trentenaire, un droit aux eaux provenant de la source d'un particulier, pourvu que cette possession ait été rendue apparente par des travaux exécutés sur le fonds supérieur. Faut-il appliquer la même théorie aux eaux pluviales et dire que le propriétaire inférieur qui, à l'aide de travaux apparents, les a fait couler sur son fonds pendant trente années, pourra désormais empêcher le propriétaire supérieur d'absorber, à son profit, ces eaux dont il a la propriété ou de changer le cours que leur imprime la situation naturelle des lieux ? La question est discutée en jurisprudence comme en doctrine, et deux systèmes sont proposés :

Premier système : La prescription ne peut jamais être acquise, lors même que le propriétaire inférieur a fait des ouvrages apparents et dans les conditions fixées par l'art. 642.

En effet, dit-on, cet article, celui qui le précède et celui qui le suit n'ont trait qu'aux eaux de sources et nullement aux eaux pluviales.

On ajoute que, d'ailleurs, l'acquisition des eaux de sources par la prescription est conforme aux principes juridiques, tandis que ce moyen ne saurait être appliqué aux eaux pluviales sans

[1] D. P. 59, 1, 230 et 231.

blesser l'intention du législateur ; car, non-seulement la possession de ces eaux est discontinue ; mais encore on n'en doit l'exercice qu'à la simple tolérance et à la familiarité.

Enfin, prétend-on, la possession des eaux pluviales est équivoque, et partant, inutile pour prescrire [1].

Deuxième système : La prescription est possible, et le propriétaire inférieur peut s'en prévaloir à l'effet d'empêcher le propriétaire supérieur de disposer des eaux pluviales qui tombent sur son fonds.

Nous sommes complétement de cet avis.

D'abord, il n'est pas exact de dire que les articles 641 et 642 doivent être appliqués seulement aux eaux de sources : le texte de ces articles n'est point limitatif. « De ce qu'ils ont organisé
» nommément, dit M. Troplong, le droit à une source, ainsi
» que les restrictions dont il est susceptible, il ne s'ensuit pas
» qu'ils aient adopté le système des lois romaines sur les eaux.
» Le silence du code sur ce dernier point n'est qu'une lacune ;
» c'est au droit commun à les combler [2]. »

D'un autre côté, c'est à tort que le premier système veut établir une différence entre les eaux de sources et les eaux pluviales ; car les principes, qui sont les mêmes, réclament une seule et même application. En vain l'on objecte que la possession des eaux pluviales est discontinue ; car si la servitude qui en résulte ne s'exerce que par intervalles, dans certaines conditions d'intermittence ou de périodicité, elle n'en est pas moins *continue*. Pour qu'elle ait ce caractère, il n'est pas indispensable que l'usage en soit *continuel* : il suffit qu'il puisse l'être, c'est-à-dire que la servitude soit toujours prête à fonctionner seule, sans aucun fait de l'homme. Or, c'est précisé-

---

(1) Duranton, t. V, n° 158. — Cass. 14 janvier 1823 (Dall. *Serv.*, p. 18); Colmar, 26 mai 1831, (D. P. 32, 1, 205); Limoges, 22 janvier 1839 (D. P. 39, 2, 201); 14 juillet 1840 (D. P. 41, 2, 76); Caen, 21 mai 1856 (D. P. 57, 2, 80); Dijon, 14 juin 1864 (D. P. 65, 2, 97). Nous devons observer que la plupart de ces arrêts n'ont trait qu'aux eaux pluviales qui tombent sur la voie publique.

(2) Troplong, *De la prescription*, t. I, p. 213, édition de 1838.

ment là ce qui a lieu; quand il pleuvra, la conduite d'eau reprendra son cours; la servitude s'exercera d'elle-même.

D'ailleurs, cette distinction que l'on prétend établir entre les eaux de sources et les eaux pluviales n'a pas de raison d'être; elle manque même de justesse et d'exactitude. Sans doute les unes jaillissent des profondeurs de la terre, tandis que les autres tombent du ciel; sans doute celles-ci tarissent plus fréquemment que celles-là; mais il n'y a, dans ces considérations, aucun motif suffisant pour servir de base au système que nous combattons, et pour autoriser deux catégories opposées de servitudes dans des hypothèses qui n'en comportent qu'une seule espèce.

Il y a plus; nos adversaires n'ont qu'à se reporter à l'article 688 du code civil : le texte de cet article détruit toute leur argumentation. En effet, il y est dit que les servitudes *discontinues* sont celles dont l'exercice réclame le fait actuel et toujours renouvelé de l'homme. Or les conduites d'eaux pluviales exigent-elles ce fait pour produire l'utilité qu'elles impliquent? Evidemment non. Donc elles ne constituent pas des servitudes *discontinues*; donc elles sont des servitudes *continues*.

Quant à l'objection qui consiste à dire que cette servitude s'exerce par tolérance et familiarité, elle n'a pas plus de valeur que tant d'autres de la même nature! En effet, on ne tolère, on ne souffre, on n'endure ordinairement que ce qui n'occasionne aucun préjudice, que ce qui n'apporte aucun inconvénient; on n'abandonne que ce qui est inutile ou superflu. Or, en est-il ainsi dans notre espèce? Evidemment non. Les eaux pluviales, loin d'être un superflu qui embarrasse, sont, au contraire, une propriété précieuse et nécessaire. Au lieu de les laisser perdre, on les recueille avec soin, on en tire un scrupuleux parti; « l'eau de pluie, dit M. Troplong, réunie dans des réservoirs » ou dirigée dans des canaux d'irrigation, a souvent autant de » prix que l'eau vive, et des propriétaires voisins peuvent se la » disputer avec la même jalousie. » Il faut donc reconnaître que la familiarité n'est pas supposable chez le propriétaire supérieur qui, du reste, a été témoin d'ouvrages exécutés sur son fonds, d'entreprises excluant toute idée de provisoire et de tolérance.

Nous ne ferons plus qu'une seule observation. Aux termes de l'article 640 du code civil, le propriétaire inférieur est tenu, par la situation des lieux, de recevoir les eaux pluviales qui s'écoulent naturellement. Voilà une servitude qui se trouve fort onéreuse si les pluies sont trop abondantes! Pourquoi, dès-lors, par une juste et équitable réciprocité, ne pas lui accorder le droit de réclamer des eaux qu'il a détournées pendant trente années, au vu et au su du propriétaire supérieur?

En résumé, la servitude dont nous venons de nous occuper s'analyse en une *conduite d'eau;* nous avons supposé qu'elle est *apparente;* elle est *continue,* c'est le législateur lui-même qui le déclare dans l'art. 688; donc elle est prescriptible (art. 690).

C'est à ce second système que la jurisprudence paraît s'arrêter; car un arrêt récent, qui se trouve d'ailleurs conforme à plusieurs autres dont nous donnons l'indication, l'a consacré dans des termes très-précis : « ...attendu, dit-il, que l'art. 642 s'applique tout aussi bien aux eaux pluviales qu'aux eaux d'une source proprement dite; — qu'il importe peu que les eaux pluviales aient dans leur apparition et dans leur cours quelque chose d'intermittent, d'irrégulier, d'accidentel, l'art. 688 (C. Civ.) définissant les servitudes continues; non pas celles dont l'usage est, mais celles dont l'usage peut être continuel sans avoir besoin du fait actuel de l'homme;... [1] » On ne peut mieux dire en si peu de mots!

Observons que, si la prescription peut être ainsi mise en

---

(1) Nancy, 10 déc. 1868 (D. P. 1871, 2, 144).
Voir dans le même sens : Colmar, 21 août 1850 (D. P. 55, 2, 180); cass. rej. 21 juillet 1845 (D. P. 45, 1, 385); req. 16 mars 1853 (D. P. 54, 1, 38).
Consulter également : M. Demolombe, *Servitudes,* t. I, n° 117; Marcadé, sur l'art. 642, n° 4; Troplong, *De la prescription,* n° 148; Massé et Vergé, sur Zachariæ, t. II, p. 160, note 2; Duvergier sur Toullier, t. II, n° 132, note *a*.

avant, c'est à la condition essentielle que des travaux apparents auront été exécutés sur le fonds supérieur par le propriétaire inférieur, dans le but de faciliter la chute et le cours des eaux pluviales [1].

Arrêtons-nous un instant pour bien fixer une idée capitale qui découle des explications que nous avons fournies. Les ouvrages nécessaires pour acquérir une servitude de prise d'eau, contre le propriétaire d'un fonds dans lequel naît une source ou tombent des eaux pluviales, doivent être pratiqués sur ce fonds : voilà une règle que nous croyons avoir suffisamment établie, mais dont il serait dangereux de généraliser la portée. Car, dans certains cas, il suffit que les travaux soient faits sur le fonds dominant : par exemple, une servitude de passage ou une servitude de vue sont manifestées, d'une façon suffisante, par une porte ou par une fenêtre pratiquées dans un mur appartenant exclusivement au propriétaire du fonds dominant [2].

Les conduites d'eau constituent-elles des servitudes susceptibles de s'acquérir par la prescription?

L'affirmative est hors de doute aujourd'hui ; enseignée par les auteurs les plus recommandables, elle a été, tout récemment, consacrée par la cour suprême. L'arrêt auquel nous faisons allusion va même jusqu'à déclarer cette théorie applicable au cas où le fonctionnement d'une telle servitude nécessite l'abaissement de certaines vannes [3]; et le motif sur lequel il s'appuie est certainement très-juridique : pour qu'une servitude soit continue, il n'est pas nécessaire que l'usage en soit continuel ; il suffit qu'il soit susceptible d'être tel. Peu importe que le fait de l'homme soit indispensable pour lever l'obstacle qui en empêche l'exercice : une fois cet obstacle levé, dit M. Demolombe, « la servitude s'exerce sans le fait *actuel* de l'homme; » le fait qui consiste à lever cet obstacle, n'est pas ce qui cons-

---

(1) Art. 642 c. civ. — Voir les arrêts indiqués plus haut.
(2) Toullier, t. II, n° 634; Pardessus, t. II, n° 280; M. Demol. *Serv.* t. II, p. 258.
(3) Civ. cass., 6 août 1872 (D. P. 72, 1, 240). — Conf., civ. cass., 18 juin 1851 (D. P. 51, 1, 206); 5 déc. 1856 (D. P. 56, 1, 22).

» titue l'exercice même de la servitude, puisqu'il a seulement
» pour but de procurer cet exercice; et la servitude n'est dis-
» continue que lorsque précisément c'est dans le fait même de
» l'homme, dans son fait *actuel*, c'est-à-dire, persévérant et
» toujours renouvelé, que consiste l'exercice même de la ser-
» vitude; de telle sorte que la servitude n'est plus exercée
» dès le moment où l'homme n'agit plus [1]. » — « Ce qui
» donne, dit Daviel, à toute conduite d'eau le caractère
» essentiel de toute servitude continue, c'est que le fait de
» l'homme n'intervient qu'un moment, lorsqu'il s'agit, par
» exemple, de lever ou d'abaisser une vanne, et qu'ensuite
» l'eau coule d'elle-même, sans qu'il soit besoin de l'action
» immédiate et permanente du maître [2]. »

La servitude d'égout des eaux pluviales peut-elle s'acquérir par prescription ?

Il est d'abord certain que cette servitude est continue, parce que, comme le dit Cœpolla, si elle n'est pas toujours exercée, *tamen semper apta est exerceri sine facto hominis* [3]. Seulement, est-elle apparente? Oui, si elle se manifeste par des ouvrages extérieurs; non, si, au contraire, elle n'est pratiquée qu'à l'aide d'ouvrages souterrains. Ces ouvrages doivent, selon nous, être faits de manière à s'avancer au-dessus du sol, sur le fonds servant. Nous disons *au-dessus du sol*... parce qu'il ne suffirait pas, pour acquérir la servitude dont il s'agit, que, comme dans l'espèce d'un arrêt de la Cour de Cassation [4], un propriétaire eût conduit les eaux de son toit, à l'aide de canaux pratiqués dans sa cour jusqu'au mur séparatif, pour les faire passer sous ce mur, et s'introduire dans une rigole existante sous le pavé du voisin. — Nous disons, en second lieu, que ces ouvrages

---

(1) M. Demol, *Servit.*, t. II, p. 208 et 209 (édition de 1868).
(2) Daviel, *Cours d'eau*, t. III, n° 312. — Conf. Pardessus, *Des Servitudes*, 40; Duranton, t. V, n° 492; Solon, *Des Servitudes*, n° 454; Troplong, *Prescript.*, t. I, n° 137.
(3) Cœpolla, *De Servit.*, tract. 1, cap. 19, n° 2, p. 42.
(4) Ch. req., 19 juin 1865 (D. P. 65, 1, 479).

doivent *s'avancer sur le fonds servant;* c'est que la possession doit être non équivoque, et qu'elle ne pourrait pas recevoir cette qualification si, par exemple, le propriétaire d'un bâtiment n'avait point fait de larmier à sa couverture en chaume, ou bien avait rogné ce larmier, de façon à laisser l'eau s'écouler entre les pierres ou l'argile de son mur. Nous avons vu ce dernier cas se présenter. Le voisin répondait avec raison, selon nous, aux prétentions du propriétaire du bâtiment, que sa possession, loin de réunir tous les éléments indispensables pour prescrire, présentait un caractère exclusif de toute idée d'acquisition d'un droit.

Prenons à présent l'hypothèse inverse et demandons-nous si le propriétaire qui a reçu, pendant trente ans, l'eau pluviale provenant du toit d'un bâtiment voisin, a acquis par prescription le droit d'empêcher le changement de direction de cet écoulement. Cette question peut se présenter fréquemment, surtout dans les lieux où l'eau fait défaut, et où les propriétaires la recueillent avec soin dans des réservoirs ou des citernes. Il est difficile, sans doute, de fournir une solution qui serve de règle générale; car il faut, de toute nécessité, prendre en sérieuse considération les circonstances particulières de chaque espèce. Cependant, nous pensons que le propriétaire qui veut acquérir, par la possession trentenaire, un droit aux eaux pluviales provenant du toit voisin, doit pratiquer des ouvrages apparents, de nature à faire connaître clairement son intention de prescrire. C'est ainsi que la simple infiltration de cette eau pluviale dans le fonds servant ne suffirait point, d'après nous; qu'il faudrait, au moins, que des tranchées ou des rigoles eussent été pratiquées dans le but et avec l'intention de prescrire.

La servitude d'*évier* ou d'égout des eaux ménagères est-elle susceptible de s'acquérir par la prescription?

Un premier système, ingénieusement défendu par M. Demolombe, assimile la servitude dont il s'agit à celle d'égout des toits; laquelle est, comme toute autre conduite d'eau, incontestablement continue. En effet, dit-il, quand l'article 688 range au nombre des servitudes continues *les égouts*, il ne fait aucune distinction entre ceux des toits et ceux des eaux ménagères; donc ces derniers constituent des servitudes continues. D'ailleurs, ajoute en substance l'éminent doyen de la Faculté de Caen, il suffit de rechercher ce qu'est en fait, en réalité, la servitude d'évier. Consiste-t-elle dans le fait de l'homme qui jette des eaux? Non; elle consiste dans l'écoulement de ces mêmes eaux; or, cet écoulement s'opère de lui-même, aussitôt qu'elles se trouvent sur l'évier. Sans doute il faut que la main de l'homme déverse les eaux; mais, une fois cette opération faite, elles s'échappent toutes seules et parviennent d'elles-mêmes à l'héritage servant. D'ailleurs, on convient qu'une servitude de prise d'eau ne perd pas son caractère de continuité, lors même qu'elle ne s'exercerait qu'à des intervalles très-multipliés, et qu'il faudrait que l'homme ouvrît une vanne ou une écluse à chacun de ses intervalles. Or, il n'y a pas de différence entre cette hypothèse et celle dont il s'agit. Donc il faut admettre que la servitude d'égout des eaux ménagères est continue.

Malgré le légitime prestige qu'a pour nous une autorité que nous vénérons à tant de titres, nous n'acceptons pas ce premier système, du moins dans ce qu'il a d'absolu. Notre argumentation est, du reste, fort simple : une servitude continue est celle dont l'usage peut être continuel sans le fait actuel, persistant et toujours renouvelé de l'homme (art. 688). Or, les eaux ménagères peuvent-elles s'écouler sans la réalisation de ce fait *actuel, persistant, toujours renouvelé?* Assurément non. Sans doute, les eaux une fois jetées dans l'évier, se rendent seules, d'elles-mêmes, sur le fonds servant, comme le soutient l'opinion que nous combattons. Seulement, si elles parviennent sur ce fonds, c'est uniquement parce que l'homme, après les avoir utilisées, les jette dans le conduit destiné à les recevoir. D'ailleurs l'écoulement est parfois plus ou moins lent; la chute des eaux sur l'héritage servant est tantôt plus, tantôt moins rapide : d'où viennent ces variations? du fait exclusif de l'homme qui jette les eaux avec plus ou moins de précipitation ou d'abondance. D'ailleurs, à quoi bon tant insister? il ne s'agit pas de rechercher la solution à fournir dans telle question analogue. Nous n'avons qu'à nous demander si l'exercice d'une semblable servitude peut avoir lieu sans la présence et le fait toujours renouvelé de l'homme. Hé bien! nous n'hésitons pas à répondre négativement. Il faut que l'homme soit toujours là, présent, près de l'endroit même où s'exerce cette servitude, pour agir à chaque instant; il faut qu'il verse lui-même, *de sa propre main*, dans l'évier, les eaux dont il veut se débarrasser. Toutes ces eaux, il s'en est servi, il les a prises, transportées, utilisées; il en connaît la quantité exacte... En est-il de même, nous le demandons, de la servitude de prise d'eau par le moyen d'une vanne pour diriger en quelque sorte le courant, pour lui imprimer telle ou telle vitesse, pour lui donner telle ou telle rapidité? Non; une fois la vanne levée, l'eau s'écoule naturellement, *proprio motu*, indépendamment du fait de l'homme. Il serait absent, que le cours ne s'arrêterait pas, que le volume ne diminuerait point!... Il y a donc une différence entre les deux hypothèses que le système contraire voudrait assimiler. Bien plus, cette différence est si grande que, pour l'exercice de la servitude d'égout des eaux ménagères, il faut la présence et le fait de l'homme *à tous instants;* tandis que, pour celui de la servitude de prise d'eau se pratiquant au moyen d'une vanne, l'intervention de l'homme n'est nécessaire que pour mettre cette servitude en état d'être exercée.

D'ailleurs, ne faut-il pas que, dans le premier cas, l'homme apporte l'eau, qu'il en dirige lui-même le cours, que son fait en soit la *cause* déterminante, tandis que, dans le second, sa présence est indépendante de tout acte de sa volonté!

Enfin, objectent nos adversaires, il n'est pas admissible que le propriétaire qui a reçu sans se plaindre, pendant trente ans, les eaux ménagères de son voisin, vienne prétendre qu'il y a eu, de sa part, simple tolérance, et que, par suite, la prescription n'a pu courir. En effet, disent-ils, il faut bien reconnaître que la servitude d'évier, c'est-à-dire d'égout des eaux ménagères, qui sont le plus souvent corrompues et infectes, est parmi toutes les servitudes l'une des plus gênantes et des plus odieuses. — Cette observation, répondons-nous, peut être parfois très-exacte et très-juste, surtout à propos d'une semblable servitude exercée dans les villes; mais il est également possible que, dans un grand nombre d'autres hypothèses, elle ne soit pas fondée. A la campagne, par exemple, il arrivera fréquemment que le propriétaire d'un champ, loin de refuser les eaux envoyées sur lui par le propriétaire d'une maison voisine, utilisera, dans certains cas, les principes fertilisants qu'elles peuvent contenir, et, le plus souvent, souffrira, par esprit de bon voisinage, un inconvénient aussi peu préjudiciable pour lui que pour sa propriété. Comme on le voit, la réponse à notre objection n'a pas autant de force que le prétend le système contraire. Du reste, fût-elle encore plus exactement vraie, qu'elle laisserait toujours inébranlables les arguments précédemment fournis.

Ajoutons que la jurisprudence a repoussé les raisons du premier système. En effet, la Cour de Cassation, rejetant un pourvoi dirigé contre un arrêt de la cour de Poitiers, a décidé, en 1865, que la servitude des eaux ménagères était discontinue, parce que leur écoulement « n'A et NE PEUT avoir lieu que par le fait
» *actuel* et *incessamment renouvelé de l'homme* [1]..... »

Cependant, bien que ce principe nous paraisse le seul juridique, nous serions disposé à le faire fléchir dans certaines hypothèses. Si, par exemple, il ne s'agissait pas précisément d'un égout d'eaux ménagères, mais d'un égout d'eaux industrielles provenant d'une fabrique ou d'une manufacture dans laquelle elles se seraient salies et n'auraient fait que passer, pour être dirigées, au moyen d'ouvrages d'art permanents et

---

[1] Ch. req., 19 juin 1865 (D. P. 65, 1, 478). — Voir dans le même sens : un arrêt de la cour d'Aix du 31 janvier 1838 (D. P. 38, 2, 100); Perrin et Rendu, *Dictionnaire des constructions*, n° 1948; Daviel, *Cours d'eau*, t. II, 710.

visibles, sur le fonds voisin, nous serions alors d'avis d'appliquer, dans ce cas, le premier système; c'est que le fait permanent de l'homme et sa présence continuelle ne seraient plus indispensables; les eaux s'écouleraient seules, et la servitude s'exercerait d'elle-même!

La servitude de puisage est déclarée discontinue par l'article 688 du code civil; nous n'avons donc aucune observation particulière à présenter sur ce point. Disons seulement que la Cour suprême a appliqué ce principe au cas où le titulaire d'une semblable servitude avait acquis, par prescription, les francs-bords d'un canal sur lequel il l'exerçait pour les besoins de sa maison ou de son jardin [1].

On doit également décider que la servitude d'abreuvage n'est pas susceptible de s'acquérir par la possession trentenaire; car elle présente, comme la précédente, un caractère patent de discontinuité sur lequel le législateur ne s'est, sans doute, pas expliqué; mais qui se lit clairement dans la loi.

Que décider relativement à la servitude d'inondation ou de submersion? Voici d'abord l'hypothèse qui s'est présentée, en 1852, devant le tribunal de Béziers, à cette occasion: la Compagnie du Canal du Midi prétendait être propriétaire d'un terrain riverain, dit l'Estagnol, possédé par les époux Babou; et subsidiairement elle soutenait avoir acquis sur ce terrain, par prescription, une servitude de submersion. Le tribunal repoussa les deux prétentions des demandeurs: la première, parce que la Compagnie du Canal du Midi n'avait pas justifié son droit de propriété; la seconde, parce que des ouvrages apparents n'avaient pas été établis. Un pourvoi fut dirigé contre l'arrêt confirmatif de ce jugement; mais il fut repoussé par la

---

[1] Ch. civ., 28 avril 1846 (D. P. 46, 1, 206); — Conf., Req., 6 mars et 10 juillet 1844 (D. P. 44, 1, 286, 287).

Cour suprême qui décida que la servitude, tout en étant continue, n'avait été manifestée par aucun ouvrage apparent, de nature à en révéler l'existence ; et que cette condition d'apparence ne résultait pas de l'existence du canal ou de sa situation relativement aux terres riveraines (1). Nous adhérons pleinement à cette décision qui met en jeu des principes sur lesquels nous ne reviendrons pas ; la servitude dont il s'agit ici présente, sans doute, un caractère certain de continuité ; mais encore est-il que, pour s'acquérir par prescription, elle réclame l'existence d'ouvrages apparents qui puissent provoquer, d'une manière non douteuse, la contradiction du propriétaire sur le fonds duquel elle s'exerce.

La servitude de lavage est discontinue ; car, non-seulement on ne l'exerce qu'à des intervalles plus ou moins rapprochés les uns des autres, et d'ailleurs presque toujours inégaux ; mais encore, elle a besoin, pour être mise en mouvement, du fait de l'homme. Il en résulte qu'une servitude de cette nature ne peut pas être acquise par la prescription.

Ce principe fut proclamé dès 1807 par la chambre des requêtes ; car, dans un arrêt rendu le 21 octobre de la même année, la cour suprême déclarait imprescriptible le droit de laver des laines dans une rivière, bien qu'un escalier et des lavoirs eussent été pratiqués sur le fonds du propriétaire, de la rivière pour faciliter cet usage (2).

Cette décision a servi de point de départ à des applications qui n'ont fait que l'étendre sans la modifier. Tout récemment encore, en 1872, la Cour de Cassation, saisie de la même question, a persisté dans la jurisprudence qu'elle avait inaugurée ; elle a proclamé de nouveau la discontinuité de la servitude de lavage et déclaré imprescriptible une telle servitude, bien qu'elle se pratiquât, dans l'espèce, au moyen d'un lavoir ayant

(1) Ch. req., 14 juin 1852 (D. P. 54, 1, 154 et 155).
(2) Req., 21 oct. 1807. J. G. Act. pois., 447.

une assiette fixe et permanente [1]. M. Dalloz, après avoir rapporté cet arrêt, ajoute avec raison que la servitude de lavage, étant essentiellement discontinue, « ne devient pas plus con-
» tinue, parce que le lavoir a une assiette fixe, qu'une servitude
» de passage ne le devient, parce que cette servitude s'exer-
» cerait par une porte. »

Aussi les décisions que nous avons rapportées sur cette question nous paraissent-elles profondément juridiques et très-conformes aux intentions qu'a dû avoir le législateur en édictant l'art. 688 du code civil.

Une usine, régulièrement autorisée, a fonctionné pendant trente ans; et le propriétaire voisin a reçu, sans s'y opposer, l'émission de la fumée produite par cette usine, pendant tout ce laps de temps : a-t-il perdu le droit de se plaindre? En d'autres termes, le propriétaire de cette usine a-t-il acquis, par la possession trentenaire, une servitude ayant les caractères suffisants pour permettre d'invoquer la prescription?

Nous le croyons fermement, bien que la doctrine nous paraisse absolument muette à cet égard. En effet, l'usine n'a pas cessé, nous le supposons, de fonctionner pendant cette longue période de temps. Donc le voisin a dû se trouver fort incommodé par l'émission d'une fumée très-gênante, quelle qu'ait été, d'ailleurs, la destination de sa propriété. Il n'est pas, dès lors, recevable à soutenir qu'il y a eu, de sa part, simple tolérance, et qu'il s'est laissé guider par la seule intention de se conformer aux habitudes de bon voisinage. Son attitude a pu présenter un caractère des plus conciliants, nous voulons bien le supposer; mais nous ne pouvons admettre qu'il ait consenti, dans le but de favoriser l'industrie même la plus progressive, à rester victime d'un dommage aussi préjudiciable que sérieux : de nos jours, l'égoïsme se trouve trop enraciné dans les mœurs, l'intérêt personnel a des ramifications trop étendues,

---

[1] Req., 14 février 1872 (D. P. 72, 1, 265). — Voir, dans le même sens : arrêt, ch. req., 1 juin 1864 (D. P. 64, 1, 339).

pour s'anéantir devant les prétentions d'autrui, pour s'incliner devant une réclamation rivale ! Il y a donc eu, dans l'espèce dont nous nous occupons, négligence évidente dont les imprudents retards ne doivent préjudicier qu'à celui qui l'a commise !

Qu'on ne vienne pas nous opposer la fâcheuse situation que notre doctrine impose au propriétaire voisin de l'usine. Il a eu le temps, répondrions-nous, de demander la suppression d'un inconvénient qui s'est répété chaque jour, à chaque instant : il ne l'a pas fait : qu'il le subisse encore ! Il ne peut en attribuer les conséquences qu'à lui-même : *jura vigilantibus, non dormientibus prosunt !*

Une telle servitude offre, d'ailleurs, tous les caractères d'apparence et de continuité requis par la loi, pour autoriser l'application de la prescription.

Notre opinion se trouve, au surplus, corroborée par un arrêt de la cour de Douai. L'espèce sur laquelle cette cour avait à se prononcer, diffère peut-être un peu de celle que nous avons supposée; mais les principes n'en sont pas moins identiques dans les deux cas [1].

D'ailleurs, il a été décidé, par la cour de Caen, que le propriétaire d'un établissement insalubre, régulièrement autorisé et fonctionnant sans modification depuis plus de trente ans, est, par le seul fait de la prescription trentenaire, à l'abri de toute action en dommages-intérêts de la part du propriétaire voisin, à raison du préjudice qui pourrait résulter de cette exploitation [2].

Le droit de pressurer des pommes, du raisin ou des olives au pressoir d'autrui peut-il s'acquérir par prescription ?

Nous n'hésitons pas à répondre négativement. En effet, cette servitude est essentiellement discontinue, puisqu'elle nécessite,

---

[1] Douai, 30 mai 1854 (D. P. 55, 2, 26).
[2] Caen, 1858 (Recueil de Caen et de Rouen, année 1858).

avant tout, le fait de l'homme. D'ailleurs, elle s'est exercée, tout au plus, une ou deux fois par an; c'est par pure familiarité que le propriétaire du pressoir l'a mis à la disposition du voisin qui s'en est servi pendant quelques heures et ne lui a causé, par suite, aucun dommage appréciable.

La cour de Caen est allée plus loin encore, en 1863. L'une des parties qui se présentait devant elle demandait à établir, par témoins, non-seulement qu'elle avait pressuré des pommes au pressoir de l'autre, mais encore qu'elle avait contribué pécuniairement aux réparations du mécanisme. L'arrêt repoussa cette demande et décida que les faits ainsi cotés, qui avaient été admis en preuve par les juges de première instance ne pouvaient engendrer ni une servitude de pressurage pour l'acquisition de laquelle il faut un titre, ni un droit de propriété (1).

Tous ces faits, dit en substance cet arrêt, ne reposaient que sur la tolérance du propriétaire et ne pouvaient point, par conséquent, suppléer au titre exigé par la loi.

Cette décision nous paraît très-juridique et parfaitement conforme au vœu du législateur : nous ne saurions nous y associer avec trop de fermeté.

La tenue d'une foire sur le terrain d'un particulier constitue-t-elle une servitude susceptible d'être acquise par la prescription ?

Bien que cette question ait été discutée devant plusieurs cours d'appel et devant la Cour de Cassation, nous n'hésitons pas à adopter la négative, qui ne nous semble pas sérieusement contestable.

Mais, objectera-t-on peut-être, il est impossible d'admettre l'idée de tolérance de la part du propriétaire de ce terrain ; car la tenue de cette foire lui a préjudicié, dans une trop notable mesure, le piétinement des bestiaux a été trop contraire à la fertilité de son champ, pour que l'on puisse supposer qu'il y

---

(1) Caen, 8 mai 1863 (Recueil de Caen, 1863).

ait eu simple complaisance de sa part. C'est donc qu'il a consenti librement à laisser la commune acquérir, à son préjudice, un droit irrévocable.

Sans doute, répondons-nous, sa propriété a pu recevoir une grave atteinte. Mais aussi, pour quel motif l'a-t-il endurée ? Peut-être parce que son terrain était inculte, ou, du moins, n'était susceptible que d'une appropriation peu profitable ; peut-être parce qu'il convenait seul, par sa situation, au genre de destination qu'on lui donnait, tandis que le choix d'un autre emplacement aurait été une cause de dépérissement pour la foire établie et d'entrave pour les transactions commerciales. Il serait, dès-lors, souverainement injuste de faire tourner contre lui la générosité dont il a fait preuve dans un but de prospérité locale ! — D'ailleurs, la servitude invoquée en pareil cas, par la commune, est essentiellement discontinue : plus que toute autre, elle réclame, pour son exercice, le fait de l'homme ; et, par suite, elle ne peut point s'acquérir par la prescription.

C'est ce qu'a décidé très-justement, selon nous, la chambre des requêtes, dans un arrêt portant la date du 2 avril 1856 [1]. La cour de Riom s'était prononcée dans le même sens le 3 décembre 1844 [2], et la cour de Rennes avait formulé une théorie conforme dans un arrêt du 15 décembre 1848.

La doctrine n'a pas, à notre connaissance du moins, prévu cette question ; mais nous ne voyons pas trop sur quelles bases on pourrait échafauder un système contraire à celui qui est admis par la jurisprudence.

Celui qui, pendant trente années, s'est servi de l'arbre de son voisin pour soutenir, à l'aide d'un croc, par exemple, sa barrière, peut-il invoquer la prescription ?

Nous avons vu soutenir l'affirmative par certaines personnes. Elles se basaient sur l'apparence et la continuité de cette servi-

[1] D. P. 56, 1, 256.
[2] D. P. 45, 2, 58.

tude, pour arriver à admettre qu'elle pouvait s'acquérir par la possession trentenaire ; puis, elles en tiraient la conclusion que le propriétaire de l'arbre ne pouvait plus l'abattre sans être obligé de le remplacer. En effet, disaient-elles, d'après l'article 701 du code civil, le propriétaire du fonds servant ne peut rien faire qui tende à diminuer l'usage de la servitude, ou à le rendre plus incommode.

Si cette opinion était moins absolue, peut-être aurait-elle plus de chances de succès ; mais elle a un premier tort, celui d'être trop générale. En effet, même en admettant, pour un instant, la possibilité d'user de prescription en pareil cas, nous ne comprenons pas pourquoi l'on voudrait limiter d'une façon si radicale les droits du propriétaire de l'arbre ; car, enfin, le propriétaire de la barrière ne peut réclamer que ce qu'il a possédé : *tantum præscriptum, tantum possessum !* Or, quel a été l'objet de cette possession ? Est-ce une servitude sur l'arbre entier ? Non ; c'est une servitude sur une certaine partie de l'arbre, sur celle qui commence à la surface du sol et se trouve limitée par l'élévation de la barrière. Donc le propriétaire de la barrière ne devait pas être considéré comme recevable à demander le maintien de la partie supérieure de l'arbre, ou le remplacement de cet arbre par un autre de même dimension que le premier.

Soumise à cette restriction, l'opinion que nous venons de transcrire paraîtrait plus juste, et, par conséquent, plus admissible. Cependant, nous ne pouvons l'adopter.

Sans doute, le fait du propriétaire de la barrière a pu constituer une servitude apparente et continue ; mais, en conclure que cette servitude a été acquise par prescription, c'est laisser dans l'oubli des principes aussi importants que fondamentaux. En effet, pour que l'on puisse, en matière de servitudes, invoquer la prescription, il ne suffit pas que l'on retrouve les caractères d'apparence et de continuité requis par la loi ; il faut encore, et entr'autres conditions, qu'elle n'ait pas été exercée à titre de tolérance. Or, est-il possible de trouver, dans notre espèce, une possession qui ne soit pas entachée de ce vice? Assurément non. Le propriétaire de l'arbre ne s'est peut-être même pas aperçu du fait accompli par son voisin; dans tous les cas, il n'en a éprouvé aucun préjudice moral ou matériel. Du reste, le propriétaire de la barrière a eu tort de se faire illusion en pensant qu'une possession telle que la sienne, qui reposait sur un objet périssable et n'était pas fondée sur un titre, pût servir de base à la prescription.

La Cour de Cassation, dans un arrêt du 6 avril 1841 (Garnier), s'est prononcée dans le même sens. Le propriétaire de l'arbre dont le voisin s'était servi pour pendre sa barrière l'avait abattu; le propriétaire de la barrière demandait qu'un nouvel arbre ou poteau fût replanté pour remplacer l'ancien. La Cour suprême repoussa cette prétention et décida que la possession mise en avant n'avait été exercée qu'à titre de simple tolérance [1].

Chacun est libre d'user de sa chose comme il lui plaît; chacun peut tirer de ses biens le parti qui lui convient; chacun a le droit de cultiver ses terres selon sa libre volonté.

Seulement, cette latitude et cette faculté, que concède la loi positive d'accord avec la loi naturelle, doivent s'arrêter devant les droits réciproques des tiers : si j'ai la liberté de donner à mes biens telle destination ou telle autre, c'est à la condition que je respecterai les lois du voisinage et que les propriétés limitrophes ne recevront aucune atteinte de l'exercice de mon droit.

C'est en partant de ce principe que les législations de tous les peuples et de tous les temps ont fixé les distances à laisser entre les plantations que l'on veut faire et les héritages voisins. La loi 13 au Digeste, *finium rigundorum*, fixait cette distance eu égard aux diverses essences d'arbres; et, sous l'empire de notre ancienne législation française, les coutumes et les règle-

---

[1] Dev., 1841, 1, 414. — Voir également : Cass. 3 déc. 1834, Pleurs., Dev. 1835, 1, 59; Caen, 31 déc. 1845, Duval, Recueil de Caen, t. X, p. 658. Dans le même sens, M. Demol., *Serv.*, t. II, p. 259.

ments l'avaient également déterminée, en tenant compte de la nature du sol et des productions. Il y avait, en conséquence, lors de la rédaction du code civil, des diversités assez nombreuses : plusieurs esprits, partisans à tout prix et quand même de l'uniformité des lois sur toute l'étendue du territoire national, auraient voulu que le législateur eût édicté une disposition unique, pour faire cesser des difficultés trop variées. Mais ces aspirations, excellentes en théorie, parfois dangereuses en pratique, blessaient ici, de la manière la plus flagrante, la justice et l'équité ; car, si la différence des climats doit influer sur les règles à établir, c'est évidemment quand il s'agit de la culture : telle disposition qui, appliquée dans les provinces méridionales produirait les meilleurs résultats, aurait pour effet, si on la suivait dans les départements du Nord, d'entraîner les conséquences les plus fâcheuses. D'ailleurs, certaines essences d'arbres que l'on a l'habitude de planter dans certaines contrées, tandis qu'elles sont à peu près inconnues dans d'autres, causent un très-grave préjudice aux terrains sur lesquels tombe leur feuillage. Il fallait donc tenir compte de toutes ces considérations et donner une légitime satisfaction à tous les intérêts.

C'est ce qu'ont fait les rédacteurs du code, en laissant subsister avec raison, sur cette matière, les règlements, les dispositions des coutumes et les usages locaux. Pour le cas seulement où il n'en existerait point, ils ont, dans l'article 674, fixé à deux mètres pour les arbres de haute tige, et à un demi-mètre pour les autres arbres et haies vives, la distance à laisser entre les plantations et la limite de l'héritage voisin.

En Normandie, la disposition subsidiaire du code n'est pas applicable ; car l'arrêt de règlement, rendu par le parlement de Rouen, le 17 août 1781, n'a pas cessé d'être en vigueur. D'après cet arrêt, le propriétaire qui veut planter sur les fossés ou bien « *à pied sur les terres non closes,* » des arbres de haute futaie, doit laisser un espace de sept pieds entre ces arbres et le fonds voisin.

Telle est la distance que l'on peut-être, encore aujourd'hui, forcé d'observer dans les départements de notre ancienne province. Cette distance doit, selon nous, être calculée, non pas à partir du centre de l'arbre, comme on l'a prétendu, mais plutôt à partir de sa surface; car le texte de l'article 671 du code civil nous paraît motiver clairement cette dernière interprétation.

Mais qu'arriverait-il dans le cas où des arbres, plantés à une distance moindre que celle requise par la loi, auraient existé depuis plus de trente ans? Le voisin pourrait-il encore demander qu'ils fussent arrachés? La prescription s'est-elle accomplie au profit du propriétaire, et, dans le cas de l'affirmative, quels en seraient les effets?

Question délicate et importante; car, si, d'une part, les autorités les plus considérables sont loin d'être d'accord sur la solution qu'elle devait recevoir, d'un autre côté, son application presque quotidienne la rend digne du plus sérieux intérêt.

D'abord, nous ne considérons pas comme douteux le point de savoir si la prescription peut être invoquée, contre le voisin, par le propriétaire de l'arbre planté à une distance prohibée. Nous sommes fort peu touchés de l'argument présenté à ce propos par quelques auteurs, et qui consiste à dire que la possession à l'effet d'acquérir devrait toujours être uniforme dans sa continuité; mais que l'on ne saurait trouver ce caractère dans la possession d'un arbre qui a pu passer complètement inaperçu sous les yeux du voisin, et qui n'a grandi qu'insensiblement. — Le voisin, répondrons-nous, a pu prévoir cet accroissement insensible de l'arbre; il était libre d'agir, c'est-à-dire d'interrompre la prescription : il ne l'a pas fait : à lui de supporter les conséquences de sa négligence et de son inertie! D'ailleurs, par cela même que le propriétaire de l'arbre n'a point observé, lors de la plantation, la distance requise, cet arbre n'en a pas moins, malgré sa petitesse, constitué le fonds voisin en état de servitude.

Ajoutons que la jurisprudence est fixée dans ce sens, puisqu'elle permet au propriétaire de l'arbre d'invoquer la prescription trentenaire. Plusieurs arrêts sont venus récemment mettre ce principe hors de doute : celui de la cour de Rouen, en date du 2 juillet 1869 (D. P. 74, 2, 258), ceux de la Cour de Cassation du 10 juillet 1872, et du 28 juillet 1873 (D. P. 74, 1, 22), ont clos toute espèce de discussion sur ce point.

Cette prescription commence à courir du jour de la plantation de l'arbre, ou de sa sortie de terre, si le propriétaire voisin en a pu voir la destination. Mais il en est autrement si la plantation a eu lieu derrière un mur ou une haie qui cachaient l'arbre ; car, dans ce cas, la prescription ne court qu'à dater du jour où le voisin a pu avoir la connaissance de l'acte dirigé contre la liberté de son fonds. En effet, l'article 2229 du code civil, aux termes duquel la possession doit, pour pouvoir servir de base à la prescription, avoir eu toute la publicité exigée par le législateur, cet article, disons-nous, est parfaitement applicable à notre sujet ; il en est même une des principales bases : la clandestinité vicie la possession dans tous les cas.

La jurisprudence a développé ce principe en l'appliquant à quelques hypothèses particulières qui se sont présentées.

C'est ainsi qu'aux termes d'un arrêt rendu par la cour de Bourges, le 10 novembre 1830, la prescription du droit de conserver, dans une *haie*, des arbres de haute tige, à une distance autre que celle fixée par la loi, commence non pas à partir de la plantation, mais à partir du moment où ils sont devenus distincts de la haie elle-même. Nous adhérons pleinement à cette décision qui a l'incontestable mérite d'être très-sage et très-équitable. En effet, pour qu'on puisse opposer la négligence du voisin, et la prendre comme base d'un droit, il faut qu'elle ait existé. Or, on ne peut rien reprocher au voisin pendant que les arbres sont restés confondus avec les branches de la haie. Donc la prescription n'a pu courir contre lui pendant ce temps, puisque la possession du propriétaire de l'arbre était entachée du vice de clandestinité. Donc le point de départ de cette même prescription ne remontera qu'au jour où cet arbre est devenu distinct de la haie et a, par suite, commencé à exister comme arbre de haute tige.

Il nous reste à rechercher les effets de cette prescription quand elle est acquise. En d'autres termes, nous avons à examiner si, lorsque les trente années se sont écoulées depuis la plantation des arbres, et qu'ils viennent à périr, le propriétaire, qui les avait plantés sans observer de distances, peut les remplacer par d'autres. Sur cette question, les avis sont partagés et les opinions divergentes. Trois systèmes se trouvent en présence : celui de Zachariæ et Pardessus, celui de M. Demolombe et celui de la jurisprudence.

PREMIER SYSTÈME : Le remplacement est possible dans tous les cas : il est autorisé par la chute des anciens arbres. Mais il faut remarquer que l'on doit se borner à remplacer purement et simplement les arbres détruits, sans pouvoir en planter de nouveaux à des distances prohibées. Encore est-il indispensable que la place occupée par les arbres abattus ne soit pas restée vide pendant trente ans.

En faisant ces réserves, voici comment raisonnent quelques-uns des partisans de ce premier système : — Aux termes de l'article 706 du code civil, les servitudes s'éteignent par le non-usage pendant trente ans. D'après l'article 707, ces trente ans courent à partir du moment où il a été fait un acte contraire à la servitude, quand il s'agit de servitudes continues. Or il s'agit, dans l'espèce, de la servitude légale de ne point planter d'arbres à une distance trop rapprochée du voisin. Donc elle s'est éteinte, s'il s'est écoulé trente années depuis la plantation à une distance prohibée ; donc le propriétaire des mêmes arbres est rentré ainsi dans la plénitude de son droit de propriété et peut jouir désormais, comme bon lui semble, de son fonds ; donc il est libre de remplacer, par un nombre identique d'arbres de même essence, ceux qui se sont trouvés abattus ou remplacés [1].

D'autres auteurs arrivent à la même conséquence, en partant d'un principe différent. Voici le sens de leur raisonnement :

---

(1) Zachariæ, t. II, p. 53 ; Taulier, t. II, p. 102 ; Serrigny, *Revue critique de législat. et de jurispr.*, 1850, t. XV, p. 7 et suiv.

l'obligation, pour les propriétaires, d'observer, à l'occasion de leurs plantations, la distance fixée par l'art. 671, ne constitue pas une véritable servitude, comme on le dit ; cet article ne fait que créer une simple restriction du droit de propriété. Il en résulte que, si j'ai souffert, pendant trente ans, les arbres que mon voisin a plantés sans observer la distance fixée par la loi, je n'ai plus qu'à m'incliner devant sa possession ; je n'ai plus qu'à supporter la servitude continue et apparente qu'il a acquise sur mon fonds. Sans doute, cette servitude ne me sera plus opposable si les arbres viennent à être détruits, car « les ser- » vitudes cessent lorsque les choses se trouvent en tel état » qu'on ne peut plus en user. » (Art. 703.) Mais aussi, d'après l'article 704, elles revivent si les choses sur lesquelles elles portent sont rétablies avant le délai de trente ans, de manière qu'on puisse en user. Quand un mur mitoyen, par exemple, est reconstruit moins de trente années après sa démolition, les servitudes actives et passives qui étaient attachées à l'ancien mur se continuent à l'égard du nouveau. La même règle, dit-on, est applicable à la matière dont nous nous occupons actuellement ; donc les arbres abattus peuvent être remplacés par un nombre égal d'arbres de même essence [1].

DEUXIÈME SYSTÈME : Cette seconde opinion, qui a en sa faveur la puissante autorité de M. Demolombe, distingue entre le cas où il s'agit d'arbres isolés, et celui où ce sont, au contraire, des arbres disposés en allée ou en avenue. Selon l'éminent professeur, le remplacement des premiers est impossible pour plusieurs raisons dans l'examen succint desquelles nous allons entrer en exposant le système de la jurisprudence : « Mais, au contraire, ajoute-t-il, lorsque ce sont des arbres disposés en allées ou en avenues, qui ont existé, pendant plus de trente ans, à la distance prohibée, il nous semble qu'il y a eu alors véritablement *causa perpetua possessionis ;* car, ce n'est point

---

[1] Favard de Langlade, Rep. v° *Servit.* sect. 2, § 2 ; Pardessus, t. 1, n° 195.

tel ou tel arbre individuellement qui a été possédé; c'est l'avenue elle-même avec le caractère de perpétuité que lui imprime sa destination et le renouvellement successif de chacun des arbres qui la composent. Ne serait-il pas bien étrange, en effet, que, si l'un des arbres de l'avenue venait à périr, il ne pût pas être remplacé, tandis que l'avenue elle-même continuerait toujours d'être là, à titre de servitude [1] ? »

TROISIÈME SYSTÈME : Le remplacement n'est possible dans aucun cas. Qu'il s'agisse d'arbres isolés ou d'arbres disposés en avenue, peu importe; la servitude créée par le fait de la plantation s'est irrévocablement éteinte par la seule circonstance qu'ils ont été abattus.

Ce système, adopté par la grande majorité des auteurs, et consacré par une jurisprudence constante, est aussi le nôtre.

Il y a, en matière de prescription, une règle capitale, un principe souverain et qu'il faut bien se garder de perdre de vue : c'est qu'on ne peut prescrire que ce qui a été possédé : « *Tantum præscriptum quantum possessum.* » — Or, vous, propriétaire voisin de mon fonds, qu'avez-vous possédé, en jouissant pendant trente années, des arbres que vous avez plantés sans observer les distances exigées par la loi ? Vous avez possédé ces arbres-là, mais pas d'autres ; vous les avez possédés de telle essence, de telle grosseur, de telle venue ; ceux qui les remplaceraient, tout en étant de la même essence, n'atteindraient assurément pas les mêmes proportions, ne seraient pas d'une grosseur identique : l'objet de votre possession ne serait plus le même, en un mot.

Vous objectez que le propriétaire d'un mur détruit fait revivre, en le reconstruisant, les servitudes actives ou passives ; et vous prétendez qu'il y a identité entre ce cas et celui qui vous intéresse. — Mais c'est précisément cette identité que je vous conteste. Il y a, au contraire, selon moi, une grande différence entre les deux cas. En effet, une construction quel-

---

(1) Demol., *Servit.*, t. I, n° 501, *in fine.*

conque, ainsi que les servitudes qui s'y rattachent, éveille dans l'esprit l'idée d'une existence indéfinie, d'une durée dont on ne peut pas déterminer les limites souvent fort éloignées ! Au contraire, à la vue des arbres mêmes les plus vivaces, on songe à leur fragilité naturelle, à leur condition passagère, et à la possibilité de les voir détruits à la première occasion : ils peuvent être renversés par la violence des éléments; la substance qui les nourrit peut leur faire défaut; on peut les abattre pour en tirer parti. Dès-lors, les servitudes qui s'y trouvent attachées sont passagères comme eux, d'aussi courte durée qu'eux; elles ne doivent donc pas être transmises à ceux qui les remplacent et pour lesquels on ne les a pas établies.

Propriétaire voisin, j'ai compté sur ces considérations et toléré ces arbres, parce que je connaissais le caractère provisoire de leur destination ; et vous ne pourriez pas, sans blesser l'équité, vous prévaloir d'une semblable tolérance, pour attribuer à votre droit de servitude d'un élément de perpétuité, une *causa perpetua* qu'il n'a jamais eue.

D'ailleurs, à combien de doutes, à combien d'incertitudes, ce système, qui favorise le propriétaire des arbres, ne donnerait-il pas lieu, s'il devait être admis ? Il faudrait rechercher à quelle distance du fonds voisin se trouvaient les arbres détruits, découvrir l'endroit précis où ils étaient plantés ; c'est-à-dire donner passage à des difficultés aussi nombreuses qu'inextricables. Il vaut donc mieux décider que les effets de la prescription acquise doivent se borner à permettre la seule conservation des arbres actuellement existants.

D'un autre côté, dire que l'article 671 établit une servitude au profit du fonds voisin, c'est faire une assertion que non-seulement rien ne justifie, mais encore que les principes juridiques repoussent. Cet article a pour simple but de garantir la liberté des héritages, et non de les constituer en état de servitude.

Enfin, nous ne croyons pas pouvoir souscrire à la distinction que propose le second système ; car, outre qu'elle nous paraît contraire aux textes du code et du règlement de 1751, dont l'application, au moins partielle, dans notre province de Normandie, n'est pas douteuse, elle aurait peut-être pour effet d'autoriser des applications dont le nombre est plus considérable qu'on ne le suppose au premier abord, et qui feraient fléchir le principe dans une trop notable mesure. — Nous disons que cette distinction, proposée par le second système, ne nous paraît pas conforme aux principes juridiques. En effet, rien ne l'autorise dans les articles du code ; dès-lors, si ces articles étaient seuls, elle se trouverait absolument arbitraire. Mais, nous trouvons ailleurs une raison puissante qui serait, à elle seule, capable de nous déterminer à suivre la théorie de la jurisprudence. Dans l'arrêt de règlement de 1751, le parlement, après avoir déclaré applicables aux plantations de l'avenir seulement les distances qu'il fixait, ajoute : « les arbres » ci-devant plantés ne pourront être remplacés que conformé- » ment au présent règlement... » (Art. 12). — L'article 170 de l'ordonnance réglementaire du code forestier porte, à son tour, que « les plantations destinées à *remplacer les arbres de* » *lisière* seront effectuées en arrière de la ligne de délimitation » des forêts, à la distance prescrite par l'article 671 du code » Napoléon. » Qu'est-ce à dire ? si ce n'est que la prescription ne peut pas avoir pour effet d'autoriser le remplacement des arbres qui ont été abattus après l'expiration du délai de trente années depuis leur plantation ? Que la généralité très-explicite de ces textes condamne la distinction proposée par le second système ?

Nous disons, en second lieu, que le second système arriverait, s'il était admis, à consacrer des applications dont l'arbitraire se trouverait égalé par le nombre. En effet, bien que sa distinction ne vise que l'hypothèse où des arbres seraient disposés en allées ou en avenues, il faudrait l'étendre beaucoup plus loin, et le suivre dans des conséquences qui peut-être n'ont pas été prévues, mais qui, par leur caractère pratique, peuvent cependant se présenter fréquemment. — Ce ne sont pas seulement les arbres des allées ou avenues qui se trouvent alignés et plantés à égale distance les uns des autres. Il arrive souvent que, sur les haies des fermes, par exemple, l'on plante des arbres en maintenant entre eux des intervalles uniformes, de manière à ce qu'ils présentent une régularité sans doute plus ou moins profitable, mais qui ne laisse pas cependant de produire un effet assez agréable à la vue : que décider à l'égard de ces arbres? Nous le demandons. Faudra-t-il les assimiler à ceux des avenues, et dire que si l'un d'eux, planté depuis plus de trente ans à une distance prohibée, venait à être abattu, le propriétaire aurait la faculté de pourvoir à son remplacement? Il nous semble que le second système ne devrait pas hésiter à admettre l'affirmative ; car il y a, pour lui, similitude de motifs, et cette similitude doit entraîner l'unité de solution.

Voilà la conséquence nécessaire et inévitable qui nous paraît découler tout naturellement de la distinction proposée par la seconde opinion. Mais précisément cette conséquence nous fournit une arme pour protéger notre retraite vers la théorie proclamée par la jurisprudence, pour dire que, dans aucun cas, le remplacement n'est possible, et pour soutenir, avec la cour de Caen, que « le droit du propriétaire est tombé avec l'arbre, » et qu'il doit, pour sa nouvelle plantation, observer les dis- » tances prescrites par la loi (22 juillet 1845) [1]. »

Le droit, acquis par la prescription, de conserver les arbres plantés depuis plus de trente ans, ne s'étend pas davantage soit aux arbres plus jeunes qui auraient été plantés ou semés, ou qui seraient accrus naturellement auprès ou sur la ligne des arbres anciens [2]; — soit aux arbres accrus depuis moins de trente ans, même sur les souches des anciens arbres accrus ou

---

(1) *Jurisprudence.* — Rennes, 19 juin 1838, J. G. Servit., 661 et 636; Bourges, 8 déc. 1841; Douai, 14 avril 1845 (D. P. 1845, 2, 94); Caen, 22 juillet 1845 (D. P. 45, 2, 94); civ. r., 28 nov. 1853 (D. P. 54, 1, 233); Toulouse, 1 mars 1855 (D. P. 55, 2, 330); civ. r., 22 déc. 1857 (D. P. 58, 1, 59).

Doctrine. — Marcadé, sur l'art. 671; Solon, n° 245; Duranton, t. V, n° 801; Curasson, *Compétence des juges de paix*, t. II, p. 485.

(2) En ce sens : civ. r., 28 nov. 1853 (D. P. 54, 1, 233).

dépéris. Même dans ce cas, il est impossible d'assimiler les produits de ces souches aux arbres qu'ils remplacent; car ils en diffèrent presque toujours par le nombre, la forme et la direction [1].

Mais ce ne sont là que des exceptions qui viennent corroborer la règle générale que nous avons posée plus haut : le principe reste le même; recherchons-en les conséquences.

Le propriétaire d'un champ a souffert pendant trente années, sans demander qu'ils soient abattus, le voisinage trop rapproché d'arbres qui ne lui apppartiennent pas : il a perdu, dès-lors, le droit de former cette demande. Mais en résulte-t-il que le voisin ait acquis le droit de conserver les branches de ces mêmes arbres sans pouvoir être forcé à les couper [2]? Certains auteurs l'ont soutenu : les servitudes continues et apparentes, ont-ils dit, sont susceptibles d'être acquises par prescription (art. 690); or, c'est exercer une servitude continue et apparente que d'avoir des branches sur le fonds du voisin. Le système contraire, ajoute cette opinion, objecte en vain que, la pousse des arbres étant périodique, il serait impossible de distinguer la portion prescrite de celle qui ne l'est pas ; car, s'il est difficile de déterminer avec précision le point de départ de la prescription, cela n'est pas impossible et ne constitue qu'une question de fait. D'ailleurs, dit-on, la pousse de certains arbres peut se déterminer scientifiquement [3].

Malgré notre respect pour les partisans de cette opinion, nous ne pouvons consentir à l'admettre, et voici nos motifs :

Si les arbres dont il s'agit ont étendu leurs branches sur le fonds voisin, c'est que le propriétaire de ce fonds les a supportées, les a endurées; s'il n'en a pas demandé l'élagage, c'est qu'il a mieux aimé souffrir un préjudice ou rester incommodé,

---

(1) En ce sens : civ. r., 22 déc. 1857 (D. P. 58, 1, 59); civ. r., 31 juillet 1865 (D. P. 65, 1, 350).
(2) Aux termes de l'art. 672 du code civil, « celui sur la propriété duquel avancent les branches du voisin, peut contraindre celui-ci à les couper. »
(3) Mourlon, t. I, p. 813; — Delv., sur l'art. 672; — Val; — Troplong, De la Prescript., t. I, n° 347.

que de rompre des liens affermis par le voisinage. Il n'est pas admissible que celui qui a profité de cette abnégation, tiré parti de cette tolérance, vienne s'en faire une arme pour changer en droit ce qui n'a été par le fait que le résultat d'une permission !

D'un autre côté, pour que la prescription soit acquise, il faut nécessairement que son point de départ puisse être exactement déterminé. Or, est-ce que cette détermination exacte, précise, peut être faite dans l'espèce ? Est-ce qu'il est possible de savoir à quel moment les branches ont commencé à pousser sur le fonds du voisin et à dépasser la limite des deux héritages ? Est-ce que la recherche de ce moment ne serait pas celle de l'arbitraire le plus absolu ? Oui, assurément. Aussi Proud'hon, qui l'avait compris à merveille, dit-il — avec une ironie dont on serait peut-être tenté de trouver le caractère un peu primitif ! — que les branches d'arbres « *n'ont ni extrait de naissance ni titre constatant leur majorité ou minorité* (1). » Dès-lors, la prescription ne peut être invoquée, puisqu'elle n'a pas de point de départ connu.

Mais, disent nos adversaires, il existe certains arbres dont la pousse annuelle est scientifiquement déterminée. — Sans doute, répondons-nous, la science peut découvrir l'accroissement périodique de certaines essences d'arbres : à quels résultats la science n'arrive-t-elle pas ? Mais comment vouloir obliger des hommes dont, le plus souvent, l'intelligence est loin d'avoir reçu, par l'instruction, un développement suffisant, à recourir aux données de l'histoire naturelle pour vider une question de chaque jour et qui, pour recevoir une solution, ne doit pas réclamer un examen si abstrait ? Du reste, nos adversaires auraient dû, pour compléter leur objection, dresser la liste des arbres dont ils parlent : une classification méthodique, à cet égard, eût peut-être donné à leur système un caractère pratique qu'il n'a pas ! — Ils ne l'ont pas fait, et ils ont eu raison ! C'eût été peine perdue ! Car, si la science arrive à pénétrer un grand

---

(1) Proud'hon, *Du domaine privé*, t. II, n° 885.

nombre des secrets de la nature, elle ne peut cependant pas avoir la prétention de nous en révéler tous les mystères. On a beau dire qu'elle détermine le développement périodique de certains arbres : on ne fait là qu'une affirmation théorique qui se trouve, tous les jours, contrariée, démentie sous nos yeux. Tel arbre, dit-on, doit atteindre tel développement au bout de tant d'années ; — c'est possible, répondons-nous ; mais n'est-il pas également possible que la nature du sol dans lequel on a planté cet arbre ne lui convienne pas, qu'il n'y puise point assez de sucs nourriciers, qu'il ne soit point aussi vigoureux et aussi vivace que d'autres de la même essence ?

L'explication fournie par les partisans du système que nous combattons ne repose donc sur aucune base solide. Aussi la jurisprudence l'a-t-elle unanimement condamné. La plupart des arrêts rendus sur cette question ont réussi à la détacher, avec une grande netteté, des superficielles considérations dont on s'efforçait de l'entourer ; et il serait, aujourd'hui, sinon impossible, du moins bien téméraire de lutter contre des autorités aussi considérables que celles qui admettent l'opinion que nous venons de développer [1]. Il faut donc considérer comme imprescriptible, le droit, pour le propriétaire d'un immeuble quelconque, de contraindre son voisin à couper les branches de ses arbres ; car ce droit constitue seulement une faculté dont le non-exercice n'est dicté que par une tolérance de bon voisinage.

Si le voisin est obligé de s'adresser au propriétaire des fonds limitrophes, pour faire couper les branches des arbres qui s'avancent sur son terrain, il en est autrement pour les racines.

---

[1] *Doctrine.* — Pardessus, t. I, n° 196 ; — Marcadé, sur l'art. 672 ; — Vazeille, *Des prescriptions*, t. I, n° 119 ; — Demante, t. II, n° 527 *bis* ; — Ducaurroy, Bonnier et Roustaing, t. II, n° 309 ; — Demol., *Servitudes*, t. I, n° 507 et suiv.
Jurisprudence. — Bourges, 4 juin 1845 (D. P. 45, 2, 187) ;
Limoges, 2 avril 1846 (D. P. 47, 2, 12) ;
Douai, 3 juillet 1856 (D. P. 57, 5, 304) ;
Civ. r., 9 juillet 1867 (D. P. 67, 1, 252).

Dans ce cas, en effet, la loi l'autorise, dans l'art. 672, à se faire justice à lui-même : il peut couper ces racines, sans s'adresser à qui que ce soit. Mais, comme ce n'est là qu'une faculté, la prescription ne peut pas être invoquée. Le propriétaire qui a acquis, par ce moyen, le droit de conserver ses arbres plantés à une distance prohibée, ne peut donc pas prétendre avoir acquis, en même temps, celui d'empêcher son voisin de couper la partie de racines qui s'avancent sur son fonds. Car, non-seulement on peut dire qu'il y a eu tolérance et acte de bon voisinage; mais encore, on peut remarquer que la possession, dans ce cas, est entachée d'un vice incontestable de clandestinité qui suffit pour l'empêcher de servir de base à aucun droit (art. 2229).

Aux termes de l'article 676 du code civil, le propriétaire d'un mur non mitoyen, qui joint immédiatement l'héritage d'autrui, ne peut pratiquer, dans ce mur, que des jours ou fenêtres à fer maillé et verre dormant. Ces jours ou fenêtres doivent, en outre, satisfaire à certaines conditions que le législateur détermine dans les articles 676 et 677; c'est ainsi qu'ils doivent être garnis d'un treillis de fer dont les mailles aient un décimètre d'ouverture au plus, et d'un châssis à verre dormant. De plus, on ne peut les établir qu'à vingt-six décimètres au-dessus du plancher ou sol de la chambre qu'on veut éclairer, si c'est au rez-de-chaussée; et à dix-neuf décimètres au-dessus du plancher, pour les étages supérieurs. Si l'on veut pratiquer des fenêtres d'aspect, des balcons ou autres saillies semblables, dans le mur non mitoyen, la loi veut que l'on ménage, entre ce mur et l'héritage voisin, une distance de dix-neuf décimètres, quand il s'agit de vues droites, et une distance de six décimètres quand il s'agit de vues obliques.

Cela posé, demandons-nous si le propriétaire, qui n'a pas observé ces distances et satisfait à ces obligations qu'impose la loi, peut se prévaloir de la prescription aux fins de conserver les jours illégalement pratiqués, ou les fenêtres illégalement établies. La réponse est très-simple, et tout le monde convient, dit M. Demolombe, que le voisin qui, pendant trente ans, ne s'est pas plaint, ne peut plus demander que ces jours et ces vues soient supprimés ou ramenés dans les conditions légales, si la possession opposée présente tous les caractères requis pour prescrire.

Mais, est-ce à dire pour cela que le voisin ne pourra pas, à son tour, soit bâtir sans observer de distances et obstruer ainsi les vues de l'autre propriétaire, soit acheter la mitoyenneté du mur dans lequel elles sont pratiquées ? C'est là une question très-sérieusement discutée, non-seulement en jurisprudence, mais encore en doctrine; et deux opinions sont en présence.

Première opinion : même après l'expiration des trente ans, le voisin conserve ce double droit.

En effet, dit-on, le propriétaire du mur était grevé d'une servitude passive qui lui imposait l'obligation de ne pas pratiquer de fenêtres dans son mur, sans observer les conditions requises par la loi. Or, s'il a affranchi, par la prescription, son héritage de la servitude passive qui le grevait, il n'a rien acquis sur le fonds voisin; il n'a fait que recouvrer la liberté naturelle du sien. Donc il a cessé d'être fonds servant, sans être devenu, pour cela, fonds dominant (art. 706).

Du reste, ajoutent les partisans de cette première opinion, tout en admettant que le propriétaire des jours ou des fenêtres ait acquis une servitude active, la solution contraire n'en est pas plus avancée. En effet, l'on ne peut acquérir par la prescription que ce qui a été possédé : *tantum præscriptum, quantum possessum*. Or, le possesseur des fenêtres ou des jours dont il s'agit n'a rien possédé sur le fonds du voisin. Donc sa possession doit se limiter à ce qui en a été l'objet, c'est-à-dire à la seule conservation de ces fenêtres dans les conditions où elles ont été pratiquées; mais sans empêcher le voisin de bâtir ou de planter sur son propre fonds, comme bon lui semblera.

D'ailleurs, dit-on encore, la servitude *non ædificandi* n'est pas apparente et ne peut point, par suite, résulter de la prescription. De plus, le propriétaire voisin était libre de bâtir ou de ne point bâtir, d'acheter la mitoyenneté ou de s'en dispenser; or, s'il est un principe certain, indiscutable, c'est que la prescription ne peut jamais courir contre les actes de pure faculté, à moins qu'il n'y ait eu contradiction pour mettre en demeure de l'exercer, ou possession contraire (art. 2232). Aucune de ces conditions n'a été remplie dans l'espèce. Donc le propriétaire du fonds voisin a conservé son droit intact [1].

Deuxième opinion : Le système qui précède a été repoussé par la jurisprudence; et nous croyons que les cours d'appel et la Cour de Cassation ont eu raison de ne pas en accepter les motifs. En effet, dire, comme le font les partisans de ce premier système, que le propriétaire qui a possédé pendant trente ans, une fenêtre illégalement pratiquée, a simplement libéré son fonds d'une servitude passive, c'est faire une assertion démentie par les principes constitutifs de la propriété en France, et par les textes eux-mêmes du code. Le législateur n'impose certaines restrictions au droit de propriété, que dans l'intérêt mutuel et réciproque des voisins; mais ces restrictions ne présentent pas le caractère de servitudes. La preuve s'en trouve dans l'hypothèse présente : car si, propriétaire de la fenêtre illégalement établie, je n'ai, par ma possession trentenaire, fait que libérer mon fonds d'une servitude passive, il faudra dire que l'ouverture de cette fenêtre a été pratiquée par moi, non point *jure servitutis*, mais *jure proprietatis*. Or, cette conséquence, à laquelle arrivent forcément nos adversaires, ne nous paraît pas soutenable.

Mais, nous objecte-t-on d'un autre côté, pour invoquer la prescription, il faut posséder; pour prescrire, il faut justifier d'une possession qui ait porté sur un objet déterminé : or, dans l'espèce, il n'en a jamais été de la sorte : le propriétaire de la

---

[1] Merlin, *Questions de droit*, v° *Servitudes*, § 3; Toullier, t. II, n° 54, Pardessus, t. II, n° 212; Zachariæ, Aubry et Rau, t. II, p. 60.

fenêtre n'a rien possédé sur le voisin. — Erreur ! répondons-nous : il a possédé quelque chose : « *qui fenestram in suo pa-riete ponit, aliquid immittit in alienum ; quod non licet citra constitutionem servitutis, immittit enim oculos* [1]. »

D'un autre côté, les partisans du premier système se trouvent singulièrement embarrassés, quand il s'agit de réfuter le syllogisme suivant : les servitudes continues et apparentes s'acquièrent par la possession de trente ans (art. 690) ; or, les servitudes de vues présentent ce double caractère (art. 688 et 689) ; donc elles peuvent s'acquérir par la prescription. Mais les dispositions de ces articles deviendraient, le plus souvent, inutiles, si le premier système devait être admis : à quoi bon, en effet, avoir acquis des servitudes de vues, si le voisin pouvait, au bout de trente ans, les rendre illusoires, par des constructions ou des plantations de toutes sortes ?

Ainsi donc, il faut dire que la prescription d'un droit de vue entraîne prohibition de bâtir ; mais cette prohibition n'est pas absolue, car c'est seulement en deçà de la distance légale, établie par les articles 678 et 679 du code civil, que le voisin ne peut point bâtir [2].

Faut-il dire, au moins, que le voisin peut acheter la mitoyenneté du mur dans lequel on a pratiqué des fenêtres d'aspect et acquis par prescription le droit de les conserver ; qu'il peut affranchir ainsi sa propriété de la servitude dont elle est grevée, en faisant boucher ces fenêtres ou vues droites ? La jurisprudence a répondu négativement à cette question. Sans doute, a-t-elle dit, le propriétaire voisin peut acquérir la mitoyenneté, mais à la charge de n'élever ses constructions que jusqu'à l'ou-

---

(1) *Doctrine.* — Delvincourt, t. I, p. 577 ; Duranton, t. V, n° 326 ; Marcadé, art. 678, n° 3 ; Demante, t. II, n° 365 bis, II ; Solon, numéros 303, 305 ; Taulier, t. II, p. 418, 419.
Jurisprudence. — Rennes, 18 févr. 1820, J. G. Servit., 781-2° ; — Req., 1er déc. 1835, ibid., 781-5° ; — Paris, 3 juin 1836, ibid., 781-6° ; — Montpellier, 15 nov. 1847 (D. P. 48, 2, 65) ; — Civ. r., 1 déc. 1851 (D. P. 52, 1, 30) ; — Civ. r., 22 août 1853 (D. P. 53, 1, 247) ; — (D. P. 67, 1, 257, note 1-2).

(2) Req., 7 mars 1855 (D. P. 55, 1, 409) ; (67, 1, 257, note 1).

verture, et sans porter atteinte à l'exercice de la servitude de jour.[1]

On a agité la question suivante : l'existence d'une porte pleine sans imposte, ouvrant notamment sur une cour close, peut-elle faire acquérir une servitude de vue, par la possession trentenaire? La Cour suprême a décidé que l'ouverture de cette porte ne pouvait s'opérer que par le fait de l'homme, qu'une pareille servitude était, dès-lors, discontinue et ne pouvait point, par suite, fonder une action possessoire[2]. Cette décision, tout-à-fait conforme aux principes juridiques, s'imposait pour ainsi dire d'elle-même : elle ne fait que consacrer des règles sur lesquelles nous ne reviendrons pas, et nous y adhérons entièrement.

En 1869, la cour de Pau a eu à trancher la question de savoir si les droits de pâturage étaient susceptibles de s'acquérir par prescription. Elle a décidé que ces droits présentaient un caractère patent de discontinuité, de tolérance et même de précarité[3], qui rendaient la prescription inapplicable.

Nous avons eu, plusieurs fois déjà, l'occasion de faire observer qu'aux termes de l'art. 691 du code civil, les servitudes discontinues ne pouvaient jamais s'acquérir par la prescription. Ce principe, incontestable d'ailleurs, trouve une de ses nombreuses applications dans la servitude de passage. Non-seulement cette servitude ne doit son exercice qu'à la tolérance de celui qui la supporte sans mot dire, le plus souvent à cause du bon voisinage et de la familiarité ; mais encore, plus qu'aucune autre, elle exige le fait actuel et incessamment renouvelé de l'homme. Dès-lors, elle est discontinue et ne peut s'acquérir

---

[1] Grenoble, 3 décembre 1830 (J. G., Servit., 476-1°); — Bordeaux 27 juin 1845 (D. P. 45, 4, 48°); Bastia, 28 août 1846 (D. P. 46, 2, 178); Nîmes, 7 mai 1851 (D. P. 51, 2, 77).
[2] Ch. req., 7 juillet 1852 (D. P. 52, 1, 167).
[3] Pau (D. P. 1869, 1, 399).

que par titre. Peu importe que des ouvrages apparents aient été exécutés, sur le fonds servant, par le propriétaire du fonds dominant : ils ne donneraient pas à cette servitude un caractère de continuité qu'elle n'est pas susceptible d'avoir[1]. « Attendu, dit un arrêt de la Cour suprême, en date du 6 décembre 1871, que de semblables travaux, en admettant qu'ils aient pu donner au passage exercé le caractère d'une servitude apparente, ils ne pouvaient lui enlever celui de servitude discontinue, créer le titre exigé par l'art. 691 du code civil, et convertir en un droit réel l'exercice d'actes qui ne peuvent être considérés que comme le résultat d'une simple tolérance. » La deuxième chambre de la cour de Caen s'était prononcée dans le même sens, dans un arrêt rendu le 2 janvier 1869, sous la présidence de M. Champin.

Cependant, on admet que la théorie qui précède doit être tempérée par une exception relative au droit de passage pour cause d'enclave. On est à peu près d'accord pour reconnaître que cette sorte de passage peut être l'objet d'une acquisition par prescription, lors même qu'il se serait exercé sur un immeuble dépendant du domaine de l'État. En effet, une semblable servitude ne peut être considérée comme dénuée de titre, en présence de la loi, qui en fait une servitude légale. D'un autre côté, les servitudes qui paraissent avoir toujours pu s'acquérir par prescription contre le domaine de l'État, même à une époque où la propriété en était *imprescriptible*[2], doivent, à plus forte raison, pouvoir être prescrites aujourd'hui que l'art. 2227 du code civil déclare l'État assujetti aux mêmes prescriptions que les particuliers[3].

Nous avons vu précédemment que l'exécution de travaux ap-

---

(1) Civ. cass., 6 mars 1846 (D. P. 46, 1, 101); Nîmes, 1ᵉʳ juillet 1845 (D. P. 46, 2, 61); Ch. civ., 6 déc. 1871 (D. P. 71, 1, 275).
(2) Troplong, *De la prescript.*, n° 186.
(3) Cass., 10 juillet 1821; 7 mai 1829; 16 mars 1830; 19 nov. 1832; 16 févr. 1835; 7 juin 1836; 12 déc. 1813; D. A. 12, 75; D. P. 29, 1, 238; 30, 1, 168; 33, 1, 46; 35, 1, 169; 36, 1, 380; 44, 1, 84; — Ch. req., 19 janv. 1848 (D. P. 48, 1, 5).

parents, sur le fonds servant, n'enlevait pas à la servitude de passage son caractère de tolérance et surtout de discontinuité. C'est par application de cette règle que l'on a décidé, très-justement selon nous, que la possession de la clef d'une porte donnant issue sur le fonds servant, ne rendait point prescriptible la servitude passage (1). On a proposé la même solution pour un cas où le propriétaire du fonds dominant avait jeté un ponceau sur un ruisseau servant de séparation entre les deux héritages (2); et nous sommes entièrement de cet avis, bien qu'un arrêt rendu par la cour d'appel de Caen, le 26 février 1842, semble avoir consacré l'opinion contraire.

Le principe reste donc toujours le même, sauf l'exception dont nous avons parlé plus haut. Du reste, ce principe n'est pas nouveau, surtout dans notre province de Normandie.

En effet, Basnage dit dans son traité des servitudes : « Il ne suffirait pas, pour se maintenir dans un droit de passage d'alléguer que l'on en est en possession, car la coutume n'admettant aucune servitude sans titre, l'on alléguerait inutilement la possession, outre que l'on souffre quelquefois un passage par grâce et par honnêteté que l'on a pour ses voisins, ou pour le mauvais état du chemin public et ordinaire, et par conséquent il ne serait pas juste que ce que l'on n'a obtenu que *jure familiaritatis aut meræ facultatis* servît de prétexte pour acquérir une servitude, puisqu'ils n'ont pas usé de ce passage en vertu d'un droit qui leur appartient, mais par grâce et par nécessité (3),.... »

Mais, si ces principes sont encore applicables sous l'empire de notre code civil; si, de nos jours comme dans notre ancien droit, l'imprescriptibilité doit recevoir son application, c'est uniquement à propos des *servitudes de passage* proprement dites, et non pas en ce qui concerne les *chemins d'exploitation*.

De nombreuses et importantes différences séparent ces

---

(1) 3 févr. 1849, Grenoble (D. P. 40, 2, 235); conf. cass. 24 nov. 1835.
(2) Nimes, 1 juillet 1845, Gondareau.
(3) Basnage, *Des servitudes*, p. 487, t. II, édition de 1709.

chemins des servitudes de passage : nous allons essayer de présenter, à cet égard, certains détails d'autant plus dignes d'intérêt, que les ouvrages de doctrine s'en sont trop peu préoccupés.

Les chemins d'exploitation, nommés, suivant les différentes contrées, *voisinaux* ou *de voisiné*, *de desserte* ou *de quartier*, sont ceux qui servent au passage d'un certain nombre d'héritages. Ils sont, sauf la preuve contraire, réputés appartenir en commun à tous les propriétaires des héritages qu'ils desservent, et sans qu'il soit besoin de représenter un titre. On a indiqué plusieurs origines de cette propriété commune ; voici, selon nous, la plus naturelle et la plus vraisemblable : un certain nombre de propriétaires, ayant à satisfaire aux besoins de leurs exploitations respectives, obligés, d'ailleurs, de se supporter mutuellement lors de la préparation et de l'ensemencement de leurs terres, avaient, les uns comme les autres, intérêt à faire l'abandon d'une partie de leurs propriétés, pour assurer l'assiette invariable d'un passage commun. C'est à ce passage que l'on a donné le nom de *chemin d'exploitation* ou de *sente de voisiné*. Il est réputé appartenir en commun à tous les propriétaires qui s'en servent. De là les différences qui le séparent de la servitude de passage, et sur lesquelles nous avons à nous expliquer :

Première différence : Les servitudes de passage proprement dites, étant discontinues, tombent sous l'application de l'article 691 et, dès-lors, ne peuvent s'établir que par titres, sans admettre la prescription. Au contraire, celui qui prétend avoir un droit sur un chemin d'exploitation peut invoquer la prescription trentenaire, sans offrir de rapporter un titre qui n'a peut-être jamais existé [1].

Deuxième différence : Les servitudes de passage s'éteignent, comme toutes les autres, par le non-usage. Au contraire, le

---

(1) Conf. Req. 20 févr. 1866 (D. P. 66, 1, 383) ; Besançon, 16 juillet 1865 (D. P. 66, 2, 130).

droit que l'on peut avoir sur un chemin d'exploitation ne se perd point par ce fait seul que l'on n'en aurait pas usé. La jurisprudence, pour prononcer la déchéance de ce droit, veut rencontrer plus que de l'inaction chez celui qui ne l'a pas exercé : elle exige que celui qui prétend avoir seul la propriété du chemin, prouve qu'il a acquis cette propriété par prescription en faisant des actes qui aient pu affirmer clairement son droit exclusif [1].

Trosième différence : Tandis que la servitude de passage ne peut pas être le fondement d'une action possessoire, le chemin de desserte peut être l'objet d'une complainte, par exemple [2].

Quatrième différence : Lorsqu'il s'agit d'une servitude, celui qui en a la possession annale, mais dont le droit est contesté, doit rapporter le titre qui l'a constituée si elle est discontinue, ou justifier de son acquisition par la prescription si elle est continue. S'agit-il, au contraire, d'un chemin rural ? Dans ce cas, la possession annale reçoit toute son application : celui qui l'établit peut en retirer tous les avantages dont elle est susceptible. C'est ce qui se trouve exprimé en termes aussi remarquables que précis dans un arrêt rendu le 8 juin 1872, par la seconde chambre de la cour d'appel de Caen, et prononcé par son savant président, M. Champin :

« Attendu, lit-on dans cet arrêt, que les frères Louvel sont
» demandeurs au pétitoire, et qu'en optant pour ce mode
» d'action, ils sont présumés avoir reconnu que la dame Genvrain avait la co-possession annale du chemin des Racines.
» — Que la conséquence de cette présomption est que si la
» dame Genvrain prétend avoir la copropriété du dit chemin,
» comme voie d'exploitation inhérente à ses fonds de terre,
» c'est aux demandeurs à établir qu'ils en sont propriétaires

[1] Req. 25 avril 1855 (D. P. 55, 1, 160).
[2] Req. 20 déc. 1808, J. G. *Act. poss.* 450 — Req. 29 nov. 1814, *ibid.* — Req. 11 déc. 1827, *ibid.* — Req. 10 nov. 1828, *ibid.* et 545. — Req. 27 avr. 1852 (D. P. 52, 1, 284). — Civ. r. 12 déc. 1853 (D. P. 54, 1, 346). — Req. 22 mars 1870 (D. P. 72, 1, 76).

» exclusifs, parce qu'en fait d'immeubles, la possession se dé-
» fend d'elle-même par la règle *Possideo quia possideo*, et re-
» jette sur le demandeur au pétitoire tout le fardeau de la
» preuve directe; — que si, au contraire, la dame Genvrain
» revendique une servitude, la possession annale ne la dispense
» pas de rapporter la preuve du droit qu'elle réclame, parce
» que les servitudes sont placées dans une catégorie particu-
» lière; — qu'en effet, si elles sont discontinues, l'art. 691, c.
» civ. décide que la possession immémoriale et à plus forte
» raison la possession annale ne suffit pas pour les établir; —
» que si elles sont continues et apparentes, la présomption de
» liberté naturelle des immeubles ne peut être détruite, suivant
» l'art. 691 du même code, que par une possession de trente
» ans; d'où il suit que celui qui n'a en sa faveur qu'une
» possession d'un an ne saurait repousser l'action *negatoria*
» qu'en justifiant, en outre, d'une possession de vingt-neuf
» ans antérieure à l'introduction de l'instance pétitoire.....
» — Attendu qu'il ne s'agit, en réalité, que de savoir si le
» chemin des Racines a le caractère de chemin d'exploitation
» commune aux fermes sus-nommées, et que, ramené à ses
» véritables termes, le litige a pour objet une question ordi-
» naire de propriété, qui, d'après les principes ci-dessus posés,
» impose aux frères Louvel l'obligation de prouver qu'ils sont
» propriétaires exclusifs du chemin dont il s'agit; — attendu
» qu'ils ont rempli cette tâche..... confirme [1]. »

On le voit facilement d'après ce qui précède, de grandes et capitales différences existent entre les servitudes de passage et les chemins d'exploitation : nous les avons indiquées. Il nous reste à rechercher le moyen de distinguer ces deux droits, à préciser les signes auxquels on peut les reconnaître l'un et l'autre.

Nous devons d'abord faire observer qu'il est assez difficile de poser, à cet égard, une règle de nature à trancher des questions

---

[1] Caen, 2ᵉ ch. 8 juin 1872. M. Champin pr., Recueil de Caen, année 1872.

dont la diversité ne peut accepter des principes absolus. Cependant, voici à quels caractères généraux on pourra reconnaître un chemin d'exploitation :

Quand ce chemin servira de limite aux héritages qu'il traverse ; quand l'usage qui en sera fait empêchera les propriétaires riverains d'y recueillir des produits ; quand il desservira un grand nombre d'héritages de différents genres de culture exigeant un passage fréquent et continu ; quand il aura existé depuis longtemps : alors ce chemin ne sera pas une simple servitude, mais plutôt une copropriété sur laquelle tous les intéressés auront des droits égaux. Au reste, les magistrats ont, dans ces épineuses questions, à rechercher la vérité par tous les moyens que leur dicte la sagesse de leurs investigations. Les moyens que nous venons d'indiquer peuvent sans doute être fréquemment suivis ; mais encore est-il qu'il faudrait se garder de les appliquer à la lettre : des circonstances particulières peuvent se présenter dans lesquelles cette manière de procéder serait parfois dangereuse. C'est ainsi qu'aux termes d'un arrêt assez récent, il n'est pas indispensable que les traces d'un chemin d'exploitation soient apparentes dans tout son parcours ; il suffit que, dans l'ensemble, la ligne de parcours soit visible et en bon état de viabilité sur la plus grande partie de son étendue [1].

L'arrêt que nous indiquons plus bas décide que les règles relatives aux chemins d'exploitation ne sont plus applicables lorsque l'on réclame, non pas la propriété ou la copropriété d'un chemin, mais simplement le droit de passer sur ce chemin [2].

Jusqu'à présent, nous ne nous sommes occupé que des diverses espèces de servitudes susceptibles ou non d'être acquises par la prescription ; mais nous n'avons point examiné la

---

[1] Besançon, 8 mai 1865 (D. P. 66, 2, 130, note).
[2] Besançon, 23 mars 1866 (D. P. 66, 2, 130, note). — Conf. J. G. *Action possessoire*, 457 ; D. P. 62, 1, 355, note 3.

question de savoir par quel laps de temps cette prescription s'opère.

On serait tenté de croire, en lisant l'art. 690 du code civil, qu'aucun doute n'est possible à cet égard. Cependant ce doute existe et certains auteurs soutiennent que les servitudes peuvent s'acquérir non-seulement par la prescription trentenaire, comme le dit en termes formels cet article ; mais encore par celle de dix à vingt ans. Voici quel est, en substance, leur raisonnement.

1° Aux termes de l'article 2265 du code civil, les *immeubles* se prescrivent par la possession de dix à vingt ans ; or, les servitudes sont *immeubles* (art. 526) ; donc elles peuvent être prescrites conformément à l'article précité, s'il y a juste titre et bonne foi.

2° Les motifs dont s'est inspiré le législateur, en rédigeant l'art. 2265, sont exactement les mêmes quand il s'agit de servitudes, que quand il s'agit d'immeubles : dans l'un et l'autre cas, il importe que la situation du possesseur se régularise le plus promptement possible, que sa bonne foi le mette à couvert contre des réclamations tardives et de négligentes revendications.

3° Quand on peut le plus, on doit pouvoir le moins ; or, celui qui a acquis l'immeuble *a non domino* peut en prescrire la pleine propriété par dix ou vingt ans de possession ; donc il doit, *a fortiori*, pouvoir acquérir, sur cet immeuble, un simple droit de servitude.

4° Les coutumes qui suivaient la maxime : *nulle servitude sans titre* et repoussaient, dès-lors, la prescription trentenaire, admettaient la prescription de dix ans fondée sur un titre émané *a non domino*. Or il n'est pas admissible que les rédacteurs du code, plus faciles que nos anciens auteurs relativement à l'application de la prescription de trente ans, se soient montrés plus rigides qu'eux à propos de la prescription décennale [1].

---

(1) Delvincourt, t. I, p. 164, note 5 ; Vazeiller, *Des prescript.*, t. I, n° 419 et t. II, n° 523 ; Duranton, t. V, n° 593 ; Troplong, *De la prescript.*, t. II, n° 856 ; —

Cette opinion, bien que soutenue par des autorités considérables, ne pouvait point triompher : un grand nombre d'auteurs l'a repoussée avec raison, selon nous ; et la jurisprudence, aujourd'hui constante, consacre le système contraire.

En effet, il n'est pas exact de dire que les mêmes motifs se présentent à l'occasion des servitudes qu'à l'occasion de la pleine propriété elle-même, pour admettre, dans l'un et l'autre cas, la prescription décennale. De grandes différences séparent, au contraire, l'une et l'autre hypothèses : le propriétaire d'un immeuble possédé par un tiers est toujours à même de connaître les entreprises et les intentions de ce dernier ; tandis que le voisin sur le fonds duquel une servitude est exercée peut, le plus souvent, n'en être pas instruit : la possession d'une servitude est toujours plus ou moins équivoque. Dès lors, rien ne serait plus dangereux que d'abréger, au préjudice du véritable propriétaire, la durée de la prescription acquisitive ; et cela au moyen d'un titre qui lui est étranger, qu'il ne connaît même pas !

On n'a, du reste, pour demeurer convaincu de la fausseté du premier système, qu'à lire l'art. 690 du code civil. Il est ainsi conçu : « Les servitudes continues et apparentes s'acquièrent » par titre ou *par la possession de trente ans.* » — Ces termes-là sont clairs et ne prêtent certes pas au doute dont on veut les entourer ! — Mais, dit-on, ils n'excluent point la prescription de dix à vingt ans. — Erreur ! répondons-nous ; erreur d'autant plus palpable, que l'art. 2264 est ainsi conçu : « Les règles de la prescription sur d'autres objets que ceux mentionnés dans le présent titre (*de la prescription*) sont expliquées dans les titres qui leur sont propres. » Chose remarquable ! cet article est placé dans le chapitre portant le titre : *Du temps requis pour prescrire !* Le texte est donc aussi formel que précis.

Du reste, il est facile de comprendre pourquoi les rédacteurs du code ont cru devoir édicter la disposition spéciale dont nous venons de parler. Dans l'ancien droit, l'imprescriptibilité des servitudes avait soulevé des controverses et des difficultés dont nous avons essayé de donner une idée ; le législateur de 1804 a voulu les trancher, et voilà pourquoi il a édicté la disposition spéciale de l'art. 690, en repoussant la prescription de dix à vingt ans.

On objecte que la prescription décennale s'applique à l'usufruit. — La réponse est facile : d'abord, il n'y a, dans le titre de l'usufruit, aucun texte pareil à l'art. 690, qui exige absolument *une possession de trente ans*. Ensuite, il y a de grandes différences entre l'usufruit et les servitudes : l'un a une existence propre et peut être hypothéqué, tandis que les autres ne présentent pas les mêmes caractères [1].

Dans certaines coutumes, où les servitudes ne pouvaient pas s'acquérir par la possession sans titre, on avait cependant admis leur acquisition par la possession immémoriale ou au moins centenaire. Aujourd'hui, cette théorie n'est plus de mise : une preuve éclatante s'en trouve dans l'art. 691 ainsi conçu : « Les servitudes continues non apparentes et les » servitudes discontinues apparentes ou non apparentes ne » peuvent s'établir que par titres. — La possession, MÊME IMMÉ-» MORIALE, ne suffit pas pour les établir [2]. »

Nous venons de voir que les servitudes à la fois continues et apparentes peuvent être établies par la possession de trente ans. Faut-il dire que, par ce même moyen, on peut les augmenter ou les étendre ? Evidemment oui ; car l'art. 708 ne dispose-t-il pas que « le mode de la servitude peut se prescrire » comme la servitude même et de la même manière [3] ? »

---

(1) Pardessus, t. II ; numéros 268 et 284 ; — Solon, n° 396 ; — Toullier, t. III, n° 630 ; Zachariæ, t. II, p. 76 ; Marcadé, sur l'art. 690, n° 2 ; M. Demol., t. II, p. 268-74. — Civ. cass. 10 déc. 1834 (D. P. 35, 1, 65) ; Bastia, 5 janvier 1847 (D. P. 47, 2, 3) ; ch. req. 14 nov. 1853 (D. P. 53, 1, 328) ; Caen, 10 mars 1855 (Recueil de Caen, 1855, p. 178) ; Agen, 23 novembre 1857 (D. P. 58, 2, 27).
(2) M. Demol., *Serv.*, t. II, p. 296 et 297.
(3) M. Demol., *Serv.*, t. II, p. 274 ; — Duranton, t. V, numéros 606, 608 ; Zachariæ, t. II, p. 77.

L'argument *a contrario* tiré de ce que cet article est relatif à l'extinction des servitudes serait ici sans valeur.

Faudrait-il appliquer la même solution au cas où la servitude continue et apparente aurait été établie par titre? Plusieurs textes de droit romain sembleraient favoriser la négative : ce sont les lois 11. princ. ff. *quemadmodum servit. amitt.*, et 9, § 1, *si servitut. vind*... *Titulus perpetuo clamat!* disaient les anciens auteurs; on ne peut pas prescrire contre ses dispositions; on ne peut pas prescrire contre son titre. — Quoi qu'il en soit, et malgré ces textes, nous adoptons le sentiment contraire, qui nous paraît, d'ailleurs, très-juridique. En effet, il n'est pas exact de dire que, dans notre espèce, le propriétaire dominant prescrit *contre son titre* : il prescrit *au delà*, voilà tout! et nous ne connaissons, dans le code civil, aucun texte qui décrète, à cet égard, la moindre prohibition. D'ailleurs, l'argument tiré des lois romaines est sans valeur; car, tandis qu'à Rome le mode de la servitude ne pouvait être ni diminué ni augmenté par la prescription, nos législateurs ont consacré le principe contraire dans l'art. 708.

Seulement, lorsqu'on prétendra avoir étendu la servitude, au delà du titre, par l'effet de la possession, il faudra prendre garde que cette possession ait un caractère précis et déterminé, afin de pouvoir en induire la concession tacite de cette extension de servitude.

POSITIONS

DROIT ROMAIN

I.

Dans le droit de Justinien, on doit toujours appliquer, sauf en ce qui concerne le délai, les principes de l'ancienne usucapion.

II.

Une servitude est urbaine ou rurale, suivant qu'elle éveille ou non dans l'esprit l'idée d'une construction.

III.

Le *jus stillicidii vel fluminis non recipiendi* s'entend, à notre sens, du cas où le propriétaire d'un fonds grevé de la servitude *stillicidii vel fluminis recipiendi*, se libère de cette charge.

IV.

La servitude *altius tollendi* consiste, selon nous, dans le droit acquis par un propriétaire d'élever dans une certaine mesure sa construction grevée de la servitude *non altius tollendi*.

V.

Les servitudes rurales furent les premières auxquelles on appliqua l'usucapion.

VI.

Le juste titre n'était pas nécessaire pour faire acquérir les servitudes par prescription. Il en était de même de la bonne foi.

ANCIEN DROIT

Dans les coutumes muettes sur l'établissement des servitudes par prescription, on suivait les dispositions de l'article 186 de la coutume de Paris.

DROIT ADMINISTRATIF

I.

Du moment où un terrain faisant partie de la voie publique cesse d'avoir cette destination, il devient prescriptible sans qu'il y ait à rechercher s'il y a eu classement ou non.

II.

On ne peut acquérir sur les murs des églises une servitude *oneris ferendi*.

DROIT COMMERCIAL

Le consentement du mari pour habiliter la femme à faire le commerce ne peut pas être suppléé par l'autorisation de justice.

DROIT DES GENS

I.

La prescription ayant son fondement dans le pur droit naturel, peut être invoquée en France par les étrangers.

II.

Le mariage doit produire, en France, tous ses effets civils, lors même que la transcription exigée par le code civil n'a pas été faite dans le délai fixé par l'article 171, sauf aux tiers à prouver alors que, en fait, le défaut de transcription leur aurait causé préjudice.

DROIT FRANÇAIS

I.

Les travaux apparents qu'exige l'article 642 du code civil doivent être exécutés, au moins en partie, sur le fonds servant.

II.

La jouissance des eaux pluviales recueillies sur un fonds supérieur peut être, aussi bien que celle des eaux de source, l'objet d'une servitude prescriptible au profit du fonds inférieur.

III.

La servitude d'*évier* ou d'*égout* des eaux ménagères est discontinue et ne peut s'acquérir par prescription.

IV.

Le propriétaire qui a acquis par la prescription le droit de conserver des arbres plantés à une distance illégale, n'a pas acquis en même temps celui de les remplacer; peu importe qu'il s'agisse d'une avenue où d'arbres isolés.

V.

Le propriétaire qui, par prescription, a acquis le droit de conserver ses arbres à une distance moindre que celle requise par la loi, n'a pas acquis, comme conséquence, le droit de laisser pousser indéfiniment les branches de ses arbres.

VI.

L'art. 2265 n'est pas applicable en matière de servitudes; et, par suite, il n'y a pas lieu d'invoquer la prescription de dix à vingt ans à l'effet de les établir.

VII.

Les servitudes discontinues, soit apparentes, soit non apparentes, ne peuvent pas s'acquérir par prescription, bien que le propriétaire du fonds prétendu dominant les ait acquises *a non domino*, de bonne foi et en vertu d'un juste titre;

VIII.

Même dans le cas où, trente ans auparavant, le propriétaire du fonds dominant aurait extra-judiciairement contredit le droit du propriétaire du fonds prétendu assujetti, l'acquisition de ces sortes de servitudes, par le long usage, ne peut pas être admise.

IX.

La solution qui précède nous paraît applicable au cas où la possession s'appuie sur une contradiction qui a été opposée aux droits du propriétaire, précisément en vertu du titre coloré.

Vu par le professeur, président de la thèse,

J. CAUVET.

Vu par le doyen,

Le professeur délégué,

FEUGUEROLLES.

Le recteur,

ALLOU

TABLE DES MATIÈRES

NOTIONS PRÉLIMINAIRES.

	Pages.
Difficultés du sujet traité	1
Controverses nombreuses dans l'ancien Droit Français	2
Difficile mission du législateur de 1804	ibid.
Bienfaisante influence de la jurisprudence	2 et 3
But proposé	3
Division de cette étude	4

DROIT ROMAIN.

DE L'USUCAPION: sa base, sa raison d'être	7-8
Sa justification	8
La prescription était reconnue en Grèce	ibid.
Son origine à Rome	9
On augmente la durée du laps de temps	ibid.
L'usucapion eut d'abord deux applications	ibid.
Réforme du droit prétorien	10
Præscriptio longi temporis; ses avantages	11
Étymologie du mot *prescription*	ibid.
Réforme de Justinien	ibid.
Præscriptio longissimi temporis	12
Des servitudes. Définition	12
Deux classes de servitudes	13
Servitudes *rurales ou urbaines*	ibid.
Importance de cette division	14
Principales servitudes rurales	ibid.

Principales servitudes urbaines 15
Eléments constitutifs des servitudes. 15
Application de l'usucapion aux servitudes. 16
Loi Scribonia 17
Caractères de la quasi-possession. 18-19
Faut-il la bonne foi, le juste titre? 19 20
A qui de prouver les caractères légaux de la possession? 21
Sous Justinien quelles étaient les servitudes susceptibles d'être acquises
    par prescription? 22

ANCIEN DROIT FRANÇAIS.

Pays de droit écrit 21-26
Pays de coutumes 26-29
Intérêt purement historique de cette partie du sujet 29

DROIT CIVIL.

Le code civil reconnait deux sortes de prescriptions 32
De la possession 32
Durée de la possession . . . . *ibid.*
Il faut la réunion du fait et de l'intention pour l'acquérir. . . . 33
La possession se conserve *animo solo* . . . . *ibid.*
De la perte de la possession . . . . *ibid.*
Caractères de la possession 34-35
Jouissance de pure faculté 35
Jouissance à titre précaire . . . . *ibid.*
Jouissance de simple tolérance 35-36

Des servitudes: Définition; conséquences 36
Division des servitudes; critique. 37
Servitudes dérivant de la situation naturelle des lieux. 38
Servitudes établies par la loi . . . . *ibid.*
Servitudes établies par le fait de l'homme . . . . *ibid.*
Ces dernières sont de trois espèces 38
Servitudes *rurales, urbaines* . . . . *ibid.*
Servitudes *continues* ou *discontinues* 39
Difficile mission du législateur de 1804 42
Principe qu'il a posé 43
Sur quel fonds doivent être exécutés les travaux d'apparence? . . 44
Discussion à cet égard 45-48
Nature de ces travaux 48
Espèce particulière et pratique à cet égard. . . . . *ibid.*
Quid à propos de l'acquisition des eaux pluviales par prescription?
    discussion 50-51

Les conduites d'eaux peuvent-elles s'acquérir par prescription ?	54
Quid de la servitude d'égout des eaux pluviales? Discussion	55-56
Quid de la servitude d'*évier* ou d'*égout* des eaux ménagères? Discussion	56-59
Tempérament apporté	59-60
Quid de la servitude de puisage?	60
Quid de la servitude d'abreuvage?	*ibid.*
Quid de la servitude d'inondation ou de submersion?	*ibid.*
Quid de la servitude de lavage?	61
Quid de la servitude provenant de l'émission de la fumée produite par une usine?	62
Quid du droit de pressurage?	63-64
La tenue d'une foire sur le terrain d'un particulier constitue-t-elle une servitude prescriptible?	64-65
Celui qui s'est servi, pendant trente années, de l'arbre de son voisin pour suspendre sa barrière, peut-il invoquer la prescription?	65-67
Distances à laisser pour les plantations	67-68
Règlement du 17 août 1751 en vigueur dans la province de Normandie	68-69
La prescription peut-elle être invoquée par celui qui a planté à une distance illégale? Discussion	69-77
Peut-on prescrire le droit de conserver les branches d'arbres sur le voisin? Discussion à cet égard.	77-79
Peut-on prescrire le droit de conserver des racines d'arbres sur le fonds du voisin?	79-80
Peut-on prescrire des jours illégalement pratiqués ou des fenêtres illégalement établies?	80-81
Le propriétaire voisin pourrait-il bâtir devant ces jours ou fenêtres, sans observer de distances, ou acheter la mitoyenneté du mur? Discussion	81-84
L'existence d'une porte pleine, sans imposte, peut-elle faire acquérir une servitude de vue?	84
Les droits de pâturage peuvent-ils s'acquérir par prescription?	*ibid.*
Quid des servitudes de passage?	*ibid.*
Exception pour le cas d'enclave.	85
La possession de la clef d'une porte rend-elle prescriptible la servitude de passage?	86
Ce principe était admis dans notre ancienne province de Normandie.	*ibid.*
Différences entre les servitudes de passage et les *chemins d'exploitation*, appelés aussi *voisinaux* ou *de voisiné*, *de desserte* ou *de quartier*.	86-89
Caractères généraux auxquels on peut reconnaître un chemin d'exploitation.	89-90
Laps de temps par lequel se prescrivent les servitudes. Discussion.	90-93
Peut-on augmenter ou étendre les servitudes par la prescription?	93
Quid si la servitude continue et apparente a été établie par titre?	94

Coutances. — Imp. de SALETTES Fils, libraire-éditeur.

www.ingramcontent.com/pod-product-compliance
Lightning Source LLC
Chambersburg PA
CBHW070244100426
42743CB00011B/2124